재미를 더한 영어 기초 트레이닝

영어 낱말 퍼즐

재미를 더한 영어 기초 트레이닝

영어 낱말 퍼즐

1판 1쇄 | 2019년 10월 31일

지은이 | 양승순
펴낸이 | 장재열
펴낸곳 | 단한권의책
출판등록 | 제25100-2017-000072호(2012년 9월 14일)
주소 | 서울시 은평구 서오릉로 20길 10-6
전화 | 010-2543-5342 **팩스** | 070-4850-8021
이메일 | jjy5342@naver.com **블로그** | http://blog.naver.com/only1book

ISBN 978-89-98697-68-6 13690
값 | 8,900원

재미를 더한 영어 기초 트레이닝

영어 낱말 퍼즐

양승순 지음

단한권의책

차 례

1

People & Time
사람과 시간

Family
가족

		1				2	
3							
					4		
			5				
	6						
7							

ACROSS

3. A very young child that cannot yet walk or talk.

아직 걷거나 말할 수 없는 아주 어린 아이.

4. Mother. ex) ○○○ is always gonna be with us.

어머니. 예) 엄마는 언제나 우리와 함께 계실 거야.

6. He who ○○○○○s last ○○○○○s longest.

마지막에 웃는 사람이 가장 오래 웃는 사람이다(현재의 성공에 너무 자만하지 말라).

7. A girl or woman who has the same parents as you.

당신과 부모님이 같은 여자아이나 여자.

DOWN

1. A male parent.

부모님 중 남자.

2. A boy or a man who has the same parents as you.

당신과 부모님이 같은 남자아이나 남자.

5. A sister of one's mother or father.

어머니나 아버지의 여자형제.

Personality
성격

Personality
성격

Words 단어

- attentive 배려하는, 신경을 쓰는 • potential 잠재적인, 가능성이 있는
- refined 섬세한, 세련된, 고상한 • scrupulous 꼼꼼한, 양심적인
- trespass 침해하다, 방해하다, 잘못하다

ACROSS

1. Taking care, attentive to potential danger, error or harm.

   조심하는, 있을지 모르는 위험이나 실수, 피해에 주의하는.

4. Refined, scrupulous not to trespass or offend; said of manners, conduct.

   세심한, 예의나 행동이 잘못하거나 기분 상하지 않게 하려고 꼼꼼하게 살피는.

6. He is lively and ○○○○○ as a cricket.

   그는 매우 활발하고 명랑하다.

9. The audience○○○ed the singer off the stage.

   청중들은 가수를 야유하여 무대에서 퇴장시켰다.

10. Caring only about himself or herself, and not about other people.

    스스로만 돌보고 다른 사람을 돌보지 않는.

11. Mild and well-behaved, accustomed to human contact.

    온화하고 얌전한, 인간과의 접촉에 익숙해진.

12. He was too ○○○ to even talk to her.

    그는 너무 수줍어서 그녀에게 말도 못했다.

DOWN

1. A ○○○○ person does not show much emotion, especially affection, and therefore seems unfriendly and unsympathetic.

   냉정한 사람은 특히 애정 등의 감정을 많이 드러내지 않아서 쌀쌀맞고 인정 없어 보인다.

2. Bad-mannered. Tough. 예의가 없는. 거친.

3. Unwilling to do work or make an effort. ex) She always fails because she's ○○○○.

   일을 하지 않거나 노력하지 않으려는. 예) 그녀는 항상 게을러서 실패한다.

5. True, especially as far as is known by the person making the statement, fair. ex) Give me your ○○○○○○ opinion.

   진실된, 특히 진술하는 사람이 아는 한 올바른. 예) 너의 솔직한 의견을 말해봐.

7. Given to sudden or frequent changes of mind. ex) I am ○○○○○.

   갑자기 또는 자주 마음이 변하곤 하는. 예) 나는 감정기복이 심해.

8. A word to the ○○○○ is enough.

   현명한 사람에게는 한마디면 족하다.

3 Hobbies
취미

¹		²		³		⁴	⁵		⁶
		⁷							
					⁸				
⁹									
			¹⁰						
¹¹									

Words 단어

- instrument 악기 · defended defend(막다, 방어하다)의 과거, 과거분사
- fabric 직물, 천 · needlework 자수, 바느질하기

10

ACROSS

1. Sounds produced by people singing or playing instruments.
   노래를 부르거나 악기를 연주해서 내는 소리.

4. 'Play the ○○○○' means 'behave in a fair and honest way.'
   'play the ○○○○'이란 '정정당당하게 행동하다'라는 뜻이다.

7. Kids enjoyed face painting and ○○○○ art.
   아이들은 페이스 페인팅과 ~ 아트를 좋아했다.

10. A ○○○○○○○ book is a book with a lot of ○○○○○○○s in and not much writing.
    그림책은 그림이 많고 글이 많지 않은 책이다.

11. A sport played on foot in which teams attempt to get a ball into a goal or zone defended by the other team.
    상대 팀이 방어하고 있는 골문이나 골존 안으로 공을 차 넣기 위해 경기하는 스포츠 종목.

DOWN

1. A film. 영화.

2. Making musical sounds with your voice.
   목소리로 음악 소리를 내는 것.

3. A small piece of metal which is used as money.
   돈으로 사용하는 작은 금속조각.

5. Someone who is ○○○○○○ moves around a lot or does a lot of things.
   활동적인 사람이란 많이 움직이거나 많은 일을 하는 사람을 말한다.

6. The ornamentation of fabric using needlework.
   바느질로 만든 천 장식품.

8. Fashionable and sophisticated. ex) She is always ○○○○.
   유행하면서 세련된. 예) 그녀는 언제나 멋져.

9. Riding on waves in the sea on a board.
   바다에서 보드를 타고 파도타기를 하는 것.

10. An animal that you keep in your home. 집에서 키우는 동물.

Cafe
카페

¹				■	²				³
	■	■	■	■		■	■	■	
⁴						■	■	■	
	■	■	■	■		■	■	■	
	■	⁵		⁶				■	
■	⁷	■		■		■	■	■	
⁸				■		■	■	■	
■		■	■	■		⁹		■	
■	¹⁰						■	■	
■	■	■	■	¹¹					

> ### Words 단어
>
> - spilt spill(흐르다, 쏟아지다)의 과거, 과거분사 · shepherd 양치기, 목동 · knight 기사
> - fizzy (음료가) 거품이 나는 · generic 포괄적인, 총칭의 · boiling 끓는, 끓어오르는
> - ground grind(갈다, 빻다)의 과거, 과거분사 · forcing (억지로) ~하게 만드는
> - handle 손잡이

12

ACROSS

1. It's no use crying over spilt ○○○○.

엎지른 물을 두고 후회해봐야 소용없다.

2. We drank a ○○○○○ bottle each.

우리는 각자가 한 병을 전부 다 마셨다.

4. A shepherd from Ethiopia found it when he saw a goat jumping up and down after eating the fruit.

에티오피아의 목동이 염소가 열매를 먹고 나서 날뛰는 것을 보고 이것을 발견했다.

5. King Arthur and the Knights of the Round ○○○○○.

아서 왕과 원탁의 기사들.

8. A sweet fizzy drink. Cream ○○○○ is a vanilla-flavored ○○○○.

달콤한 탄산음료. 크림 ~는 바닐라맛 ~이다.

10. You eat and serve food from ○○○○es.

당신은 접시에 담긴 음식을 먹고 나른다.

11. The generic name for sweet-tasting, many of which are used in food.

달콤한 맛이 나는 것을 총칭하는 것으로 음식에 많이 사용된다.

DOWN

1. A flavoring coffee made from coffee and chocolate.

커피와 초콜릿으로 만든 향 커피.

3. ○○○○○○○○ is made by forcing steam or boiling water through ground coffee beans.

~는 갈은 커피콩에 증기나 끓는 물을 가해서 만든다.

5. This job is not my cup of ○○○.

이 일은 내게 안 맞다.

6. I'm as ○○○○ as a bee these days.

나는 요즘 눈코 뜰 새 없이 바빠.

7. Not hot or warm.

뜨겁거나 덥지 않은.

9. A large deep cup with a handle, used for hot drinks.

뜨거운 음료에 사용하는, 손잡이가 달린 크고 깊은 컵.

Jobs
직업

1		2				3			4
					5				
			6		7			
					8			
		9							
		10							

14

ACROSS

1. Someone whose job is acting in plays or films.

연극이나 영화에서 연기하는 사람.

5. A person who is trained to fly an aircraft.

비행기 조종 훈련을 받은 사람.

7. A valuable, yellow-colored metal.

값진 노란색 금속.

8. A thin leather straps attached round a horse's neck which are used to control the horse.

말을 부리기 위해 말의 목에 달아놓은 얇은 가죽 끈.

9. They ○○○○d him highly as a colleague.

그들은 그를 동료로 높이 평가했다.

10. A person who plays a musical instrument as their job or hobby.

직업이나 취미로 악기를 연주하는 사람.

DOWN

1. Someone who draws or paints pictures or creates sculptures as a job or a hobby.

직업이나 취미로 그림을 그리거나 조각을 하는 사람.

2. A person who teaches at a school or similar institution.

학교 또는 비슷한 교육기관에서 가르치는 사람.

3. The lead ○○○○○○ of a pop group is the person who sings most of the songs.

팝그룹에서 리드 ~는 곡의 대부분을 부르는 사람이다.

4. A person who is studying at a school.

학교에서 공부하는 사람.

6. A person who is qualified to examine and treat people's teeth.

치아를 검사하고 치료하는 자격을 지닌 사람.

Months
달(월)

1						2				
					3					
									4	
	5									
			6							
7										
			8							
		9								

Words 단어

- mythology 신화　• derive ~ from ~에서 유래하다, 파생하다
- two-faced 두 얼굴의, 위선적인　• festival 축제　• goddess 여신

ACROSS

1. The third month of the year in the Western calendar. ○○○○○ derives its name from the God of War, Mars in Roman mythology.

   서양 달력에서 일 년 중 세 번째 달. ~는 로마 신화에서 전쟁의 신 Mars에서 이름이 유래했다.

3. The ○○○○ door is the nearest door to the right or left.

   옆집이란 오른쪽이나 왼쪽으로 가장 가까운 집을 말한다.

5. The first month of the year in the Western calendar. ○○○○○○○ derives its name from two-faced Janus.

   서양 달력에서 일 년 중 첫 번째 달. ~는 두 개의 얼굴을 가진 야누스에서 이름이 유래했다.

6. Relating to the moon. 달과 관련된.

7. Have you read her ○○○ novel?

   그녀의 새 소설 읽어 봤니?

8. The seventh month of the year in the Western calendar. ○○○○ derives its name from Julius Caesar.

   서양 달력에서 일 년 중 일곱 번째 달. ~는 줄리어스 시저에서 이름이 유래했다.

9. The eleventh month of the year in the Western calendar.

   서양 달력에서 일 년 중 열한 번째 달.

DOWN

1. The fifth month of the year in the Western calendar. A festival was held this month for Maia, the goddess of spring in Roman mythology.

   서양 달력에서 일 년 중 다섯 번째 달. 로마 신화에 나오는 봄의 여신 마이아를 위한 축제가 이 달에 열렸다.

2. The second month of the year in the Western calendar.

   서양 달력에서 일 년 중 두 번째 달.

4. The last month of the year in the Western calendar.

   서양 달력에서 일 년 중 마지막 달.

5. The sixth month of the year in the Western calendar. ○○○○ derives its name from the Roman Goddess Juno.

   서양 달력에서 일 년 중 여섯 번째 달. ~는 로마 신화의 여신 주노에서 이름이 유래했다.

Seasons & Special Days

계절 & 특별한 날

18

ACROSS

1. The season between spring and autumn.

   봄과 가을 사이의 계절.

3. Any system by which time is divided into days, weeks, months, and years.

   시간을 일, 주, 월, 년으로 나눈 것.

6. To stop moving in the direction they were going and stand still. Call a ○○○○.

   가던 방향으로 움직이는 것을 멈추고 가만히 서 있다. 정지 명령을 하다.

9. The season between autumn and spring.

   가을과 봄 사이의 계절.

10. A Christian festival when the birth of Jesus Christ is celebrated.

    예수 그리스도의 탄생을 축하하는 기독교 축제.

DOWN

1. The season between winter and summer when the weather becomes warmer.

   날이 점점 따뜻해지는 겨울과 여름 사이의 계절.

2. The season between summer and winter when the weather becomes cooler.

   날이 점점 서늘해지는 여름과 겨울 사이의 계절.

4. A Christian festival when Jesus Christ's return to life is celebrated.

   예수의 부활을 축하하는 기독교 축제.

5. The ○○○○ event, person, thing, or period of time is the most recent one. Final, ultimate.

   사건, 사람, 일 또는 기간이 가장 최근인. 마지막의, 최후의.

7. The flower on a plant. In full ○○○○○.

   식물에 핀 꽃. 활짝 핀.

8. To suppose. It begins with g.

   추측하다. g로 시작된다.

2

Home
집

Home

집

¹		²		³		
						⁴
⁵						

ACROSS

1. A set of steps which go from one floor to another.
   한 층에서 다른 층으로 이동할 때 오르내리는 것.

5. An electrical equipment used to ○○○○○ bread.
   빵을 굽는 데 쓰는 전기 기계.

DOWN

1. A room which is used for reading, writing, and ○○○○○ing.
   독서하고 글 쓰고 공부할 때 쓰는 방.

2. A room at the top of a house just below the roof.
   집의 맨 꼭대기 지붕 바로 밑에 있는 방.

3. A piece of equipment that you use in order to listen to ○○○○○ programs.
   ex) He sat down in the armchair and turned on the ○○○○○.
   ~ 프로그램을 듣기 위해 사용하는 장비. 예) 그는 안락의자에 앉아서 ~를 켰다.

4. A tool that people use for shaving.
   면도할 때 쓰는 기구.

Living Room
거실

1			**2**			**3**	**4**		**5**
			6		**7**				
					8				
		9							
	10				**11**				
12									

ACROSS

1. A long, comfortable seat for two or three people. A ○○○○○ potato.

두세 사람이 앉을 수 있는 기다랗고 편안한 의자. 소파에 앉아 오랜 시간 TV만 보는 사람.

3. Everything can be seen from the window or high place. ex) The lake soon came into ○○○○.

창문이나 높은 곳에서 보이는 모든 것. 예) 곧 호수가 곧 시야에 들어왔다.

6. The famous novel by E. Hemingway, 《The ○○○ man and the sea》.

헤밍웨이의 유명한 소설 《노인과 바다 》.

8. It is like a carpet but covers a smaller area.

카펫과 비슷하지만 더 좁은 곳을 덮는다.

9. A jar used for holding cut flowers or as an ornament.

꺾은 꽃을 꽂아두거나 장식품으로 쓰는 항아리.

11. A long piece of paper etc. that has been wrapped many times around itself. Toilet ○○○○.

여러 번 둘둘 감아서 만든 긴 종잇조각 등. 두루마리 화장지.

12. You use it to talk directly to someone else in a different place.

다른 장소에 있는 사람과 직접 얘기하기 위해 이것을 사용한다.

DOWN

1. Aladdin's magic ○○○○○○. 알라딘의 마법 양탄자.

2. An instrument that shows what time of day it is.

하루 중 몇 시인지 알려주는 기구.

4. A picture or idea of something or someone in your mind.

무엇인가 또는 누군가에 대해 마음속에 갖고 있는 심상이나 생각.

5. A ○○○○○○ is a space which has glass in it so that light can come in and you can see out.

창문은 안쪽에 유리가 달려 있어서 빛이 안으로 들어와 밖을 내다볼 수 있는 공간이다.

7. A box-shaped container that fits into a piece of furniture in such a way that it can be drawn out horizontally to reach its contents.

가구 안쪽에 꼭 들어맞도록 만들어진 상자모양 용기로, 수평으로 당기고 안에 든 것을 집는다.

10. A synonym for color. A warm ○○○.

color와 동의어. 따뜻한 느낌의 색채.

Kitchen
부엌

¹			²				³		⁴
⁵									
					⁶				
	⁷								
				⁸				⁹	
						¹⁰			
	¹¹								
					¹²				

Words 단어

• household 가정   • liquid 액체   • oval 타원형의

ACROSS

1. Don't put all your eggs into one ○○○○○○. 한 바구니에 달걀을 모두 담지 마라.

3. A deep round container used for cooking soups, and other food.

스프 등의 요리를 하기 위한 깊고 둥근 용기.

5. Unwanted or unusable materials. Household ○○○○○.

갖고 싶지 않거나 쓸모없는 것. 가정에서 배출하는 ~.

6. Hello ○○○○○ is a famous cat character.

헬로 키티는 유명한 고양이 캐릭터이다.

10. To put something into the liquid for a short time, so that only part of it is covered, and take it out again.

액체가 약간만 묻도록, 액체 속에 무언가를 잠깐 집어넣고 다시 꺼내다.

11. He was born with a silver ○○○○○ in his mouth.

그는 부유한 집안에서 태어났다.

12. A device for cooking that is like a box with a door. You heat it and cook food inside it. 문짝이 달린 상자 같은 요리 기구. 뜨겁게 달구고 그 안에서 음식을 요리한다.

DOWN

1. A round container with a wide uncovered top. A salad ○○○○.

위쪽이 넓고 뚜껑이 없는, 동그란 그릇. 샐러드 그릇.

2. The pot calls the ○○○○○○ black.

냄비가 주전자보고 검다고 한다(똥 묻은 개가 겨 묻은 개 나무란다).

3. ○○○○○. A round or oval flat dish that is used to hold food.

음식을 담는 데 쓰는, 둥글거나 타원형으로 생긴 접시.

4. A flat piece which is used for carrying food and drinks.

음식이나 음료를 나르는 데 쓰는 평평한 물건.

7. A container made from ○○○○○, which you can drink from and which does not have a handle.

유리로 만든 용기로, 음료를 이것에 담아 마실 수 있고 손잡이가 달리지 않았다.

8. A fixed container in a kitchen, with taps to supply water.

부엌에 고정되어 있는 용기로 물을 대는 수도꼭지가 달려 있다.

9. A piece of clothing that you put on over the front of your clothes, especially when you are cooking. 특히 요리를 할 때 옷 앞쪽에 두르는 의류의 하나.

4 Bathroom

욕실

Words 단어

• disposal 폐기, 처리 • urine and feces 대소변 • reflect 반사하다 • substance 물질
• sealed 봉인된, 밀봉한 • organism 유기체, 생물 • disease 질병 • phobia 공포증

28

ACROSS

1. A piece of hardware used for the collection or disposal of human urine and feces. 사람의 대소변을 모으거나 처리하기 위해 쓰는 시설의 하나.

3. ○○○○○ falls from clouds as rain and enters rivers and sea.
물은 구름에서 비가 되어 떨어지고 강과 바다로 흘러들어간다.

4. You use it with water for washing yourself or sometimes for washing clothes. A ○○○○ opera.
몸을 씻거나 때로는 옷을 빨기 위해 물과 함께 이것을 사용한다. 드라마(연속극).

5. When you look at it you can see yourself reflected in it. ex) The best ○○○○○○ is a friend's eye.
이것을 보면 자신의 모습이 비치는 것을 볼 수 있다. 예) 가장 좋은 거울은 친구의 눈이다.

9. To allow fluid or gas to pass through an opening that should be sealed. ex) The roof was ○○○○ing.
액체나 기체가 막혀 있어야 하는 구멍으로 빠져나가게 하다. 예) 지붕이 새고 있었다.

10. A very small organism that causes disease. ex) He must have a ○○○○ phobia.
질병을 일으키는 매우 작은 유기체. 예) 그는 세균 공포증이 있는 게 분명하다.

11. A pipe that carries water or sewage away from a place. ex) The ○○○○○ is completely stopped.
물이나 오물을 실어 나르는 관. 예) 배수관이 꽉 막혔다.

DOWN

1. A piece of thick soft cloth that you use to dry yourself.
물기를 닦는 데 쓰는 도톰하고 부드러운 천 조각.

2. A device for washing yourself. You bathe under a spray of warm or cold water.
몸을 씻는 기구. 따뜻하거나 차가운 물을 내뿜는 스프레이 밑에 서서 씻는다.

6. The phone is out of ○○○○○. 전화기가 고장 났다.

7. A round container, the same as a wash○○○○○.
둥그런 용기, 세면대와 같은 말.

8. A small plastic object of an electric socket which connects the equipment to the electricity supply. ○○○○ in.
전력 공급 장비에 연결해주는, 전기 소켓에 달린 소형 플라스틱 물건. 콘센트에 ~를 꽂다.

Necessaries for Daily Life

생활필수품

	1			2					
3									
						4			
5		6							
						7		8	
				9		10			
11									

Words 단어

- ignitable 발화(점화)성의 · wick (양초) 심지 · embed (단단히) 끼워 넣다, 박다
- wax 밀랍 · exertion 노력, 분투 · relief 제거, 경감

30

ACROSS

2. An ignitable wick embedded in wax. Light a ○○○○○○.

왁스에 단단히 박아둔, 불에 잘 타는 심지. 양초를 켜다.

3. A hair ○○○○○ is a machine which blows hot air over damp hair to dry the hair.

~기는 머리카락을 말리기 위해 뜨거운 바람을 축축한 머리카락 위로 불게 하는 기계.

4. I would like to ○○○○ a car. 나는 승용차를 임대하고 싶다.

6. You use it for sweeping the floor. ex) We find the ○○○○○-riding witches in movies.

이것은 바닥을 쓸 때 사용한다. ex) 우리는 영화에서 마녀가 빗자루를 타고 다니는 걸 보게 된다.

7. A short note. 간단하게 적은 것.

10. Any relief from exertion. ex) I hope Paul ○○○○ in peace.

힘든 일로부터 쉬는 것. 예) 폴이 편히 잠들기를 바란다.

11. A pleasant smelling liquid. 기분 좋은 향이 나는 액체.

DOWN

1. An electrical device with a flat metal base. ex) I have to ○○○○ that dress before I can wear it.

밑 부분에 편편한 쇠가 달린 전자 제품. 예) 내가 저 원피스를 입으려면 다려야 해.

2. A stick of colored wax used for drawing

그림 그리는 데 쓰는 색깔 있는 밀랍 막대기.

4. Thor's ○○○○○○. 토르의 망치.

5. Things such as lipstick, eye shadow, and powder.

립스틱, 아이 섀도, 파우더 같은 물건.

6. Things such as backpack, suitcase and hand○○○.

백팩이나 여행가방, 핸드~ 같은 물건.

8. A rolling stone gathers no ○○○○.

구르는 돌에는 이끼가 끼지 않는다.

9. An illness which is similar to a bad cold.

지독한 감기 같은 질병.

Tools
공구

¹				²					³
							⁴		
		⁵		⁶					
⁷						⁸			
					⁹				
¹⁰		¹¹							
							¹²		
			¹³						

Words 단어

• blade (칼)날 • triumph 승리, (큰) 업적 • function 기능, 작용 • multiply 증가(증대)시키다
• crushing 분쇄하는, 짜는 • piercing pierce(뚫다, 찌르다)의 현재분사 • weapon 무기

32

ACROSS

1. An instrument with a blade used to remove paint or varnish from a surface.
표면에서 페인트나 광택제를 벗겨내는 데 사용하는 날이 있는 도구.

6. That's a good ○○○○! 그거 좋은 생각이야!

7. A tool for cutting wood. 나무를 자르는 도구.

8. Triumph or achieve victory in a game or a war.
경기나 전쟁에서 성공하거나 승리를 거두다.

9. A remotely controlled aircraft, an unmanned aerial vehicle.
원격조정 비행기, 무인 항공 조종기.

10. A tool for boring a hole wider. A pipe ○○○○○○.
구멍을 더 넓게 뚫는 데 쓰는 도구. 파이프 확공기.

13. A tool that has a flat bottom with a sharp blade in it. Trying ○○○○○.
바닥이 평평하며 날카로운 칼날이 달린 도구. (목공에서) 마무리 대패질.

DOWN

1. ○○○○○ ○○○○ knife is a tool that has many functions.
~ 칼은 다양한 기능을 갖고 있는 도구이다.

2. A pincer-like gripping tool that multiplies the strength of the user's hand, often used for bending things.
손의 힘을 강화시켜주는 펜치처럼 생긴 집게 도구로, 흔히 사물을 휘게 하는 데 사용.

3. A device for crushing food such as coffee or meat into small pieces or into a powder. 커피나 고기 같은 음식을 작은 조각 또는 가루로 분쇄하는 기구.

4. Not treated or processed of materials, products etc. ○○○ sugar.
재료, 산물 등을 처리하거나 가공하지 않은. 원당.

5. A pointed hand tool used for piercing wood, leather, etc. Bore a hole with an ○○○. 나무나 가죽 등을 뚫는 데 쓰는 뾰족한 수공도구. 송곳으로 구멍을 뚫다.

9. A machine that you use for making holes.
구멍을 뚫는 데 사용하는 기계.

11. If you ○○○ numbers or amounts together, you calculate their total.
숫자나 양을 더하는 것은 전체를 계산하는 것이다.

12. A weapon from which bullets or other things are fired.
총알이나 다른 것이 발사되는 무기.

Numbers

숫자

¹	²			³		⁴	⁵		
						⁶			
⁷									
							⁸		⁹
		¹⁰		¹¹					
	¹²								
	¹³								

Words 단어

- arithmetic 산수, 계산, 연산 • operation 연산 • store 저장하다 • absent 없는, 부재의
- subtract 빼다 • precisely 바로, 꼭, 정확히

34

ACROSS

1. Say all the numbers one after another up to a particular number.

특정한 수에 이르기까지 숫자를 순서대로 모두 말하다.

4. One of two equal parts. ex) He is ○○○○ man and ○○○○ beast.

똑같은 두 부분 중에 하나. 예) 그는 반은 사람이고 반은 야수이다.

6. An ○○○ number. 홀수.

7. To subtract an amount from the total. ex) For every mistake I will ○○○○○○ 10 points.

전체에서 일정 양을 빼다. 예) 모든 실수에 대해 10점씩 감점하겠다.

8. The number following nine.

9 다음에 오는 숫자.

12. The number 1,000,000.

숫자 1,000,000.

13. A lucky number.

행운의 숫자.

DOWN

2. Only one time. 딱 한 번.

3. Two times. 두 번.

5. The arithmetic operation of adding.

더하는 연산.

7. Information that can be stored and used by a computer program.

컴퓨터 프로그램으로 저장하고 사용할 수 있는 정보.

9. Absent. Of precisely zero.

없는. 0인.

10. ○○○○ to five is normal office working hours.

아침 9시부터 오후 5시까지는 일반적인 근무 시간이다.

11. Something that helps you to find the answer to a problem or mystery.

문제나 수수께끼의 답을 찾도록 도와주는 것.

3

Places

장소

Feelings
감정

		¹				²
³						
			⁴			
		⁵				
		⁶				

ACROSS

3. Happy and pleased about something. ex) I'm ○○○○ to meet you.

무엇인가에 대해 행복하고 즐거운. 예) 만나서 반가워요.

4. To put your arms around someone and hold them tightly. ex) I opened my arms and ○○○ged her.

누군가를 두 팔로 감싸고 꼭 안다. 예) 나는 두 팔을 벌려 그녀를 꼬옥 안았다.

5. ○○○○○ birthday to you~.

당신의 생일을 축하해요.

6. In need of rest or sleep. ex) They were cold, hungry and ○○○○○ out.

쉬거나 자고 싶은. 예) 그들은 춥고 배고픈 데다 녹초가 되었다.

DOWN

1. Unhappy, usually because something has happened that you do not like. ex) The ending of the novel was quite ○○○.

보통 좋아하지 않는 일이 생겨서 불행한. 예) 그 소설의 결말은 꽤 슬펐다.

2. To feel strong dislike or impatience about something. ex) The ○○○○○ people staged a riot.

매우 싫거나 참을 수 없는. 예) 화난 민중은 폭동을 일으켰다.

3. Pleasant or enjoyable. ex) I am tired but feel ○○○○.

기분이 좋거나 즐거운. 예) 피곤하지만 기분은 좋아요.

5. Very exciting and that many people want to see, use, or become involved with. ex) They are one of this year's ○○○ bands.

매우 흥미진진해서 많은 사람들이 보거나, 사용하거나 몰두하기를 바라는. 예) 그들은 올해의 인기 밴드 가운데 하나이다.

Post Office
우체국

ACROSS

1. E-○○○○ is a system for transferring messages from one computer to another, usually via a network.
   e- ~은 보통 네트워크를 통해 한 컴퓨터에서 다른 컴퓨터로 메시지를 전송하는 시스템이다.

3. A punctuational mark used to separate parts of a sentence or items in a list.
   문장의 부분이나 목록의 한 가지 한 가지를 나누는 데 사용하는 구두점.

5. The money that you pay for sending letters and packages by post.
   편지와 소포를 우편으로 보내는 데 지불하는 돈.

7. It's very ○○○○ for it to be this hot in April.
   4월에 날씨가 이토록 더운 것은 매우 드문 일이다.

9. Having thicker strokes than the ordinary form of the typeface. ex) Highlight the important words in ○○○○ type.
   평범한 글씨체보다 획이 더 두꺼운. 예) 중요한 단어들은 ~체로 강조하라.

10. A small piece of paper which you stick on an envelope or package to pay for the cost of the postage.
    우편료를 지불하기 위해 봉투나 소포 위에 붙이는 작은 종잇조각.

11. The direction where the sun rises. 해가 뜨는 방향.

DOWN

2. A written communication, generally longer and more formal than a note. ○○○○○○ box.
   흔히 메모보다 길고 격식을 갖춘, 서면으로 하는 의사소통. 우편함.

4. The system of sending letters, packages, and goods by air.
   편지, 소포와 물건을 항공편으로 보내는 제도.

5. Something wrapped in paper, usually so that it can be sent to someone by post. ex) I mailed the ○○○○○○ last month.
   보통 우편으로 누군가에게 보내기 위해 종이로 싼 것. 예) 지난달에 소포를 부쳤어.

6. The rectangular paper cover in which you send a letter to someone through the post.
   안에 우편으로 누군가에게 보내는 편지가 들어 있는 직사각형 모양의 종이 커버.

8. The direction where the sun sets. 해가 지는 방향.

Bank
은행

¹			²				³		⁴
⁵									
						⁶			
	⁷								
	⁸								
⁹				¹⁰					

ACROSS

3. An abbreviation for 'automated teller machine'.

'현금자동입출금기'의 준말.

5. To open a bank ○○○○○○○.

은행 계좌를 개설하다.

7. An amount of money that is paid to someone, or the act of paying this money.

○○○○○○○ in instalments.

누군가에게 지불하는 돈, 또는 그 돈을 지불하는 행위. 할부로.

8. A printed form on which you write an amount of money and who it is to be paid to. A ○○○○○ for 50 dollars.

지불 액수와 지불받는 사람을 적는 서식용지. 50달러짜리 수표.

9. A piece of paper money. Change a ten-dollar ○○○○.

종이 돈. 10달러짜리 지폐를 바꾸다.

10. The amount of money that is needed in order to buy, do, or make it. The high ○○○○ of housing.

무엇을 사고, 하고, 만들기 위해 필요한 돈. 높은 주거비.

DOWN

1. Money in the form of notes and coins rather than check.

수표 대신 지폐와 동전으로 된 금전.

2. Good ○○○○○. Don't waste good ○○○○○ on that!

상당한 돈. 그런 것에 비싼 돈을 낭비하지 마!

4. Every month. A ○○○○○○○ magazine.

매월. 월간지.

6. Extra money that you receive if you have invested a sum of money, or you pay if you have borrowed money on credit.

일정 금액의 돈을 투자했으면 받게 되는, 또는 신용으로 돈을 빌렸을 때 지불하는 가욋돈.

8. A small piece of metal which is used as money.

돈으로 사용하는 작은 금속 조각.

Chapter 3

Travel
여행

1				**2**		**3**	▓	**4**	▓
	▓	▓	▓		▓				▓
5			▓						▓
	▓	▓	▓	**6**					
	▓	**7**	▓		▓	▓	▓	▓	▓
	▓			**8**			**9**		
					▓			▓	▓
				10					▓
▓	▓							▓	▓
11					▓	▓	▓	▓	▓

Words 단어

- attraction 명소, 명물 · continent 대륙 · severely 심하게, 엄격하게
- damaged 손상을 입은, 피해를 받은 · remind ~ of … ~(에게) …을 생각나게 하다
- hoist 들어(끌어)올리다

44

ACROSS

1. Anything unforgettably good, such as a film or a tourist attraction. ex) Sydney is one of the world's ○○○○-○○○ cities.

   영화 또는 관광 명소와 같이 잊을 수 없을 만큼 좋은 것. 예) 시드니는 세계에서 꼭 봐야 하는 도시 중 하나이다.

5. A drawing of a particular area such as a country, or a continent. ex) The people are looking at a subway ○○○.

   나라 또는 대륙 같이 특정한 지역을 그려놓은 것. 예) 사람들이 지하철 노선도를 보고 있다.

6. A long journey on a ship or in a spacecraft.

   배 또는 우주선을 타고 하는 긴 여행.

8. Making a lot of loud or unpleasant noise.

   시끄럽거나 불쾌한 소리를 많이 내는.

10. The parts of something that remain after it has been severely damaged or weakened. ex) You shouldn't miss the Angkor Wat ○○○○○.

    심하게 파괴되거나 쇠퇴한 뒤로 남은 무언가의 일부분. 예) 앙코르 와트 유적을 놓쳐서는 안 된다.

11. To sail about, especially for pleasure.

    주로 여행 삼아 항해하는 것.

DOWN

1. A structure built in order to remind people of a famous person or event.

   유명한 사람 또는 사건을 기억하도록 만든 건축물.

2. Something which you buy or keep to remind you of a holiday, place, or event.

   휴일, 장소 또는 행사를 기억하기 위해 사는 물건.

3. ○○○○ come, ○○○○ go.

   쉽게 얻은 것은 쉽게 나간다.

4. The defeated hoisted the white ○○○○.

   패배한 자는 흰 깃발을 들어올렸다.

7. An office of a company or organization which has its main office in another town or country.

   다른 도시나 나라에 본사가 있는 회사나 기구의 사무실.

9. Some deserts and many beaches are made up of ○○○○.

   몇몇 사막과 많은 해변은 모래로 이루어져 있다.

Airport
공항

¹	²		³						
				⁴				⁵
⁶						⁷		
⁸			⁹					
¹⁰								
					¹¹			

Words 단어

- descending 하강하는, 내려가는 • unit 단위 • steward (남자) 승무원
- personal details 개인 신상명세 • courteous 공손한
- earned earn(돈을 벌다)의 과거, 과거분사 • passenger 승객

46

ACROSS

1. Coming to a surface, as of an airplane or any descending object. ex) The plane is ○○○○○○○ at the airport.

비행기나 하강하는 물체가 지면에 닿음. 예) 비행기가 공항에 착륙하고 있다.

6. A permit to enter and leave a country. 입국하거나 출국해도 된다는 허가증.

8. A trip made by an aircraft, particularly one between two cities or countries. ex) The ○○○○○○ to Paris leaves at 7 o'clock tonight.

특히 두 도시나 나라 사이를 비행기로 하는 여행. 예) 파리행 비행은 오늘밤 7시 정각에 떠난다.

10. A unit of measure equal to exactly 30.48 centimeters. ex) We're flying at 35,000 ○○○○.

30.48센티미터와 같은 길이의 단위. 예) 우리는 3만 5,000~로 날고 있다.

11. An object that you can sit on, for example a chair.

의자와 같이 앉을 수 있는 물건.

DOWN

2. When a person or vehicle arrives at a place, you can refer to their ○○○○○○○. 사람 또는 탈것이 어떤 곳에 다다르면 그것을 도착이라고 말한다.

3. When something such as a dead body, a dead plant, or a tooth ○○○○○s, it is gradually destroyed by a natural process.

시체, 죽은 식물 또는 이가 썩는 것은 자연스런 과정에 의해 점점 파괴되어가는 것이다.

4. Well-mannered, courteous. ex) The steward seems very ○○○○○○.

예의 바른, 공손한. 예) 그 승무원은 매우 공손한 것 같다.

5. An official document containing your personal details, which you need to show when you enter or leave a country.

당신의 개인정보가 들어 있는 공식 문서로 입국하거나 출국할 때 보여주어야 한다.

7. If you ○○○○○○○ goods that you have bought in another country or money that you have earned, you say how much you have bought or earned so that you can pay tax on it.

다른 나라에서 구입한 물건이나 번 돈을 신고한다는 것은 그에 대한 세금을 내도록 얼마치를 구입했는지, 얼마를 벌었는지 말하는 것이다.

9. A place where passengers leave the airport and get on their airplane.

승객들이 공항을 떠나 비행기에 승선하는 곳.

6 Restaurant
식당

			¹						²
³					⁴		⁵		
			⁶						
	⁷						⁸		
⁹									
						¹⁰			
¹¹									
			¹²						

Words 단어

- substance 물질, 재료 • alcoholic 알코올이 든, 술의 • beverage (물 외의) 음료
- consumed consume(먹다, 마시다, 소모하다)의 과거, 과거분사
- provide 주다, 제공하다 • flesh 살, 고기 • request 요청, 요구, 요구(신청)하다

ACROSS

3. A list of the food and drinks that are available in a restaurant or cafe.

식당이나 카페에서 이용할 수 있는 음식과 음료의 목록.

6. A place where you can buy and drink alcoholic drinks. A cocktail ○○○.

알콜성 음료를 사서 마실 수 있는 곳. 칵테일 ~.

8. A substance contained in foods such as meat and butter which forms an energy store in your body.

고기와 버터 같은 식품에 함유된 물질로 몸 안에서 에너지원을 형성한다.

9. A man who works in a restaurant, serving people with food and drink.

식당에서 일하는 사람으로 음식과 음료를 날라다준다.

10. To move a liquid or other substance around or mix it in a container using something such as a spoon. ex) She ○○○○red her tea.

용기 안의 액체 또는 다른 물질을 스푼 등을 사용해 휘휘 젓거나 섞는 것. 예) 그녀가 차를 저었다.

11. Of meat, cooked to a point greater than rare but less than well done. ex) Excuse me, but it looks ○○○○○○. I ordered well done.

고기를 덜 익힌 것보다 잘 익었지만 완전히 익힌 것보다는 덜 익은. 예) 실례지만 중간으로 구워진 것 같네요. 나는 완전히 익혀달라고 주문했어요.

12. A simple meal that is quick to cook and to eat.

신속하게 요리해서 먹는 간단한 식사.

DOWN

1. A public house where beverages, primarily alcoholic, may be bought and consumed, also providing food and sometimes entertainment such as live music.

주로 알콜성 음료를 사서 마시는 술집으로 음식과 때로는 라이브 음악 같은 오락거리를 제공한다.

2. A person who does not eat animal flesh. 고기를 먹지 않는 사람.

4. A request for something to be brought, made for you in return for money.

돈을 지불하는 대신 무엇인가를 가져오거나 만들어달라고 요구하는 것.

5. A large flat piece of beef without much fat on it.

지방이 많지 않은 크고 납작한 소고기 조각.

7. Cooked very lightly so that the inside is still red.

매우 살짝 요리해서 속이 여전히 붉은.

Sport Games
스포츠 종목

Sport Games
스포츠 종목

Words 단어

- agile 날렵한, 민첩한 · segment 부분, 한 조각 · distance 거리, 거리감
- spread out 넓은 공간을 차지하다 · rectangular 직사각형의, 직각의
- strike (세게) 치다, 부딪치다

ACROSS

1. Messi is an excellent ○○○○○○ player with agile legs.

메시는 민첩한 다리를 가진 훌륭한 축구 선수이다.

4. An abbreviation for 'deoxyribonucleic acid'. A gene is a short segment of ○○○.

디옥시리보핵산의 줄임말. 유전자는 짤막한 ~이다.

7. A race in which people run a distance of 42.195km.

42.195킬로미터의 거리를 달리는 경주.

8. Winter is the best season for ○○○ing.

겨울은 ~ 타기에 가장 좋은 계절이다.

9. A game in which you use long sticks to hit a small, hard ball into holes that are spread out over a large area of grassy land.

긴 막대기로 작고 딱딱한 공을 쳐서 넓은 잔디밭 위에 흩어져 있는 구멍 안으로 넣는 게임.

10. A game played on a rectangular court between two teams of players which involves striking a ball back and forth over a net.

직사각형 모양의 코트 안에서 두 팀의 선수들이 네트 위로 공을 치면서 진행하는 게임.

DOWN

1. The man is ○○○○○○○○ in the lake.

그 남자는 호수에서 수영을 하고 있다.

2. A door through which you can leave a public building.

공공건물에서 빠져나갈 수 있는 문.

3. Michael Jordan was a great ○○○○○○○○○○ player.

마이클 조던은 훌륭한 농구 선수였다.

5. To increase in size and change physically over a period of time. ex) You've ○○○○n since the last time I saw you!

일정 기간 동안 커지고 신체적으로 변화하는 것. 예) 지난번 봤을 때 이후로 많이 자랐구나!

6. A sport in which two people wearing large padded gloves fight according to special rules.

두 사람이 커다란 보호 장갑을 끼고 일정한 규칙에 따라 싸우는 스포츠.

4

Social Life

사회생활

Body 1
몸 1

Words 단어

- fist 주먹 • foot 발. 복수형은 feet • pierced 기본형 pierce. 뚫다, 찌르다, 박다
- chapped chap ((살갗을) 트게 하다, (땅에) 금이 가게 하다)의 과거, 과거분사

54

ACROSS

1. You ball it up to make a fist.

주먹을 쥐려면 이것을 동그랗게 만든다.

2. It's at the end of the foot.

이것은 발끝에 달려 있다.

3. Daddy Long ○○○s.

키다리 아저씨.

6. It's at the end of each hand.

이것은 손끝에 달려 있다.

DOWN

1. The top part of your body.

몸의 맨 위에 있는 부분.

2. A woman's breast.

여성의 가슴.

4. You might get it pierced.

(당신의 몸에서) 이곳은 뚫어도 된다.

5. It might get chapped.

(날이 건조하면) 트거나 갈라질 수 있다.

Chapter 4

Body 2
몸 2

	1					2	3		
4									
	5			6		7			
		8							
9							10		
11				12					
			13						

56

ACROSS

2. The inside part of your hands.

손의 안쪽 부분.

4. Dog treat.

개에게 주는 특별한 선물.

5. Arm joint.

팔 관절.

7. Knee. ○○○top computer.

무릎. 휴대용 노트북 컴퓨터.

11. The body part which joins your head to the rest of your body.

머리와 몸의 다른 부분을 연결해주는 신체 부위.

12. Comb feature.

머리빗 모양.

13. The part of your body between your hand and your arm.

손과 팔 사이에 있는 신체 부위.

DOWN

1. You use it for smelling and breathing.

냄새를 맡고 숨을 쉬는 데 이것을 사용한다.

3. The joint where your foot joins your leg.

발과 다리를 이어주는 관절.

6. Your body where it narrows slightly above your hips.

엉덩이 위로 살짝 좁아지는 신체 부위.

8. The opposite side to your chest and stomach.

가슴과 배의 반대쪽.

9. The place where your leg bends.

다리를 구부리게 하는 곳.

10. The parts of your body that are at the ends of your legs.

다리 끝에 있는 신체 부위.

Chapter 4

Fashion

패션

1					2			3	
				4					
		5					6		
7						8			
			9						
	10								
11						12		13	
	14								

58

ACROSS

1. An object which you wear on your feet. A pair of ○○○○s.

발에 신는 물건. 신발 한 켤레.

2. A piece of clothing worn by a woman or girl. It covers her body and part of her legs. 여성이나 여자아이가 입는 옷 한 벌. 몸과 다리의 일부를 가린다.

5. ○○○○ a muffler. 머플러를 뜨다.

6. A covering for the head. 머리에 쓰는 것.

7. A man's neck○○○ ○○○d in a bow around the throat. ex) I need a ○○○ that matches this shirt.

남자의 넥~가 나비 모양으로 목에 매여 있다. 예) 이 셔츠에 어울리는 ~가 필요해요.

9. A piece of clothing which you wear over your other clothes when you go outside. ex) That ○○○○ looks so good on you.

외출할 때 다른 옷 위에 입는 옷. 예) 저 외투가 당신에게 썩 잘 어울리는군요.

11. There is a hole in his ○○○○. 그의 양말에 구멍이 나 있어.

12. A very delicate cloth which is made with a lot of holes in it. ex) She likes a dress with a ○○○○ border.

수많은 구멍을 내어 만든 정교한 천. 예) 그녀는 가장자리에 ~가 달린 드레스를 좋아한다.

14. ○○○○○-setter is a person that starts a new fashion or ○○○○○.

~ 세터란 새로운 패션이나 ~를 시작하는 사람.

DOWN

1. A piece of clothing worn by women and girls. It fastens at the waist and hangs down around the legs.

여성과 여자아이가 입는 옷. 허리를 조이고 다리 둘레로 옷을 늘어뜨린다.

3. A long garment worn around the neck. 목에 두르는 긴 의상의 하나.

4. A long, narrow piece of cloth that you use for tying things together or as a decoration. 물건을 함께 묶거나 장식용으로 쓰는 길고 좁은 천 조각.

8. I believe her fashion is out of ○○○○○. Hair○○○○○.

나는 그녀의 패션이 유행에 뒤떨어졌다고 생각한다. 머리 모양.

10. Puss in ○○○○s. 장화 신은 고양이.

13. A hat with a curved part at the front which is called a peak.

앞쪽에 챙이라고 부르는 둥근 부분이 달린 모자.

4 Company
회사

¹		²				³			⁴
⁵				⁶					
		⁷					⁸		
	⁹								
	¹⁰								
						¹¹			
¹²									

Words 단어

- available 구할 수 있는, 시간이 (여유가) 있는 · experience 경험, 경력
- unite 통합(결속)시키다, 연합하다 · advantage 이익, 유리, 득 · benefit 혜택, 이득
- put forward 내세우다, 제기하다 · desire 욕구, 바람, 갈망 · purchase 구매(매입)하다

ACROSS

1. The total amount of goods which a shop has available to sell. ex) That model is not currently in ○○○○○.

가게에서 팔 수 있는 물건의 총량. 예) 그 모델은 현재 재고가 없습니다.

5. The ○○○s and grasshopper. 개미와 베짱이.

7. Something you say or do friendly when you meet someone. ex) My mother sends her ○○○○○○○○s to you.

누군가를 만날 때 다정하게 말하거나 행동하는 것. 예) 어머니가 당신에게 안부를 전해 달래요.

10. A strong feeling of friendship, love, or shared beliefs and experiences that unites people.

사람들을 뭉치게 하는 우정, 사랑 또는 함께 공유한 믿음과 경험에 대한 깊은 감정.

11. ○○○○ is a popular toy brand in the world.

~는 세계적으로 인기 있는 장난감 브랜드이다.

12. Something you gain some advantage or benefit from it.

무엇인가로 인해 얻게 되는 이익 또는 이득.

DOWN

2. Cost. Outlay. ex) Have a balanced income and ○○○○○.

비용. 지출. 예) 수지가 맞다.

3. A sum of money that you owe someone. 누군가에게 빚진 돈.

4. To put forward an idea or plan for someone to think about. ex) Do you have any ○○○○○○○○○○s?

누군가에게 생각해보도록 아이디어나 계획을 제시하는 것. 예) 무슨 제안할 것이 있니?

6. The desire to purchase goods and services.

물건과 서비스를 구입하려는 욕구.

8. The money that people earn or receive, as opposed to the money that they have to spend or pay out.

지출하거나 지불해야 하는 돈이 아니라 벌거나 받은 돈.

9. Very hard work, usually physical work.

매우 힘든 일로 흔히 육체노동.

Office Supplies
사무용품

ACROSS

1. The etymology of '○○○○○' is papyrus.

종이의 어원은 파피루스이다.

3. A table which you sit at to write or work.

글을 쓰거나 일을 하려고 앉는 탁자.

5. Something that you write down to remind yourself of something. Can I borrow your lecture ○○○○s?

무언가를 기억하기 위해 적어두는 것. 강의 ~ 좀 빌려줄 수 있니?

7. If you ○○○○○ something, you destroy it completely so that you can no longer remember something. ○○○○○ memory.

지운다는 것은 무언가를 더 이상 기억하지 못하도록 완전히 없애는 것이다. 기억에서 지우다.

8. An electronic machine that can store and deal with large amounts of information.

대용량의 정보를 저장하고 처리할 수 있는 전자기계.

10. A cutting tool with two sharp blades that are screwed together.

날카로운 날 두 개가 함께 고정되어 있는, 자르는 도구.

DOWN

1. An object that you write or draw with.

글을 쓰거나 그림을 그리는 물건.

2. Very small thin pointed pieces of metal. ex) Safety ○○○. Drawing ○○○.

매우 작고 얇고 뾰족한 쇠 조각. 예) 안전~, 압정.

4. The ○○○○○○○○ of a computer is the set of keys that you press in order to operate it.

컴퓨터 ~는 컴퓨터를 작동시키기 위해 누르는 키의 집합을 말한다.

6. The superlative of good.

good의 최상급.

8. A small device, usually made of metal or plastic, that is for holding things together. Paper ○○○○.

물건을 함께 집도록 흔히 금속이나 플라스틱으로 만든 작은 도구. 종이 ~.

9. 'For the ○○○○ part' means mainly, on the whole. generally.

for the ~ part는 주로, 대체로, 일반적으로라는 뜻을 지닌다.

Chapter 4

Vehicles
탈것

¹		²			³		⁴		
⁵									
									⁶
⁷									
					⁸				
⁹		¹⁰							
¹¹									

ACROSS

5. A vehicle with wings and engines that enable it to fly through the air.

공중을 날 수 있게 하는 날개와 엔진이 달린 탈것.

7. A covered vehicle used for carrying goods or people, usually longer and higher than a car but smaller than a truck.

물건이나 사람을 실어나르는 데 사용하는 덮개 달린 탈것으로, 자동차보다 길고 차체가 높지만 트럭보다는 작다.

8. A large vehicle that is used to transport goods by road.

도로로 물건을 나르는 데 사용하는 대형 운송수단.

9. A vehicle with two wheels which you ride by sitting on it and pushing pedals with your feet.

앉아서 발로 페달을 밟으며 타는 바퀴 두 개 달린 탈것.

11. A vehicle running on the underground track.

지하 선로 위를 달리는 운송수단.

DOWN

1. Benz made the world's first ○○○.

벤츠는 세계 최초의 자동차를 만들었다.

2. A number of carriages which are all connected together. ○○○○○s carry people from one place to another.

모두 연결되어 있는 몇 개의 객차. 기차는 한곳에서 다른 곳으로 사람들을 이동시킨다.

3. A ○○○○ in Seoul is an inexpensive and useful means of transportation.

서울에서 ~는 비싸지 않고 유용한 교통수단이다.

4. A type of car that can travel over rough ground.

거친 지면 위로 여행할 수 있는 유형의 자동차.

6. A space vehicle or a missile.

우주선 또는 미사일.

9. A vehicle for transporting large numbers of people along roads.

도로 위로 많은 사람들을 실어 나르는 운송수단.

10. An English word for a taxi.

'택시'와 같은 뜻의 영어 단어.

Transportation
교통

	¹						²		
					³				⁴
⁵									
⁶							⁷		
⁸				⁹					
¹⁰									

Words 단어

- fix 수리하다, 단장하다 · route 노선, 길, 경로 · blocked 막힌, 봉쇄된
- legal 법률상, 법률과 관계된 · speed limit 제한 속도 · assist 돕다, 도움이 되다
- levied levy(세금을 부과(징수)하다)의 과거, 과거분사 · punishment 벌, 처벌

ACROSS

1. The man is fixing a ○○○○ tire.

남자가 펑크 난 타이어를 수리하고 있다.

3. To go from one side of something to the other. ex) Don't ○○○○○ in the middle of the street.

무엇인가의 한쪽에서 다른 쪽으로 가다. 예) 차도를 건너지 마시오.

5. A special route for traffic to follow when the normal route is blocked, for example because it is being repaired.

예를 들어 평상시의 도로가 공사 중이어서 막혔을 때 차량이 흘러가게 하는 특정 경로.

6. Driving faster than the legal speed limit. ex) I was stopped by a police car for ○○○○○○○○.

법적 속도 규정보다 빨리 달리는 것. 예) 나는 속도위반으로 경찰차에 붙들렸다.

8. To help, to assist. ex) The police came to our ○○○.

돕다, 도움이 되다. 예) 경찰이 우리를 도우러 왔다.

9. An imaginary line through the middle of something. Earth's ○○○○.

무엇인가의 한가운데를 통과하는 가상의 선. 지구의 (자전)축.

10. A gate across a toll road at which travelers must stop and pay.

유료 도로 건너편에 여행자가 멈춰서 요금을 지불해야 하는 관문.

DOWN

1. A fee levied as punishment for breaking the law.

법을 어긴 벌칙으로 부과된 요금.

2. Life ○○○○.

구조선.

4. A quicker way of getting somewhere than the usual route.

어딘가에 도착하는 정상 노선보다 더 빠른 길.

5. Very far away.

매우 먼.

7. ○○○ station is a place where you can buy fuel for your car.

주유소는 자동차 연료를 살 수 있는 곳.

5

Nature & Foods

자연과 음식

Foods 1
음식 1

	1				2	
3						
4			5	6		7
8						

Words 단어

- cow 암소, 젖소 • bull 황소 • ox 황소, (모든 종류의) 소 • commonly 흔히, 보통
- consist of ~로 이루어지다, 구성되다 • preparation (다 된) 요리 • hatch 부화하다

ACROSS

3. Traditional Mexican pancake which is folded and filled with meat, vegetables, and a spicy sauce.

고기와 야채, 매운 양념을 안에 채우고 접어 만드는 멕시코의 전통적인 팬케이크.

5. The meat of a cow, bull, or ox. ex) Korea will stop importing U.S. ○○○○.

암소나 황소, 거세된 수소의 고기. 예) 한국은 미국산 쇠고기 수입을 중단할 것이다.

8. Egg ○○○○ is a baked pastry commonly made in Hong Kong and other parts of Asia consisting of an outer pastry crust that is filled with egg custard.

에그 ~는 흔히 홍콩과 다른 아시아 국가에서 구워 만드는 페이스트리 빵으로 겉은 바삭한 페이스트리에 안은 달걀 커스터드가 채워져 있다.

DOWN

1. Preparations of fruits, vegetables and sugar, often stored in glass jars.

과일, 야채와 설탕으로 만든 식품으로 흔히 유리병에 보관한다.

2. A form of sweet dessert that is typically baked. A piece of ○○○○.

일반적으로 구워낸 달콤한 후식의 한 종류. 식은 죽 먹기.

4. It occurs naturally in sea water.

이것은 원래 바닷물에 들어 있다.

6. A baby bird hatching from its ○○○.

아기 새는 알을 깨고 나온다.

7. Knife and ○○○○.

나이프와 ~.

Foods 2

음식 2

Words 단어

- primarily 주로, 무엇보다도 먼저 • obtain 얻다, 구하다 • protein 단백질
- substance 물질, 내용, 알맹이

ACROSS

1. A food made primarily of a mixture of vegetables, usually served with a dressing.

주로 채소를 혼합해 만든 음식으로 보통 드레싱과 함께 나온다.

3. As easy as eating ○○○. 식은 죽 먹기.

5. The liquid that can be obtained from a fruit.

과일에서 얻을 수 있는 즙.

6. It's my ○○○○○ and butter.

그것은 나의 생계수단이죠.

8. A protein-rich food made from curdled soy milk.

응고시킨 콩물로 만든 단백질이 풍부한 식품.

9. The five wits are sight, hearing, touch, smell, and ○○○○○.

오감에는 시각, 청각, 촉각, 후각, 미각이 있다.

10. Milk turn into ○○○○○○ or yogurt.

우유는 ~나 요구르트로 변한다.

DOWN

1. Liquid food made by boiling meat, fish, or vegetables in water.

고기, 생선 또는 야채를 물에 넣고 끓인 국물 요리.

2. She turned the key in the ○○○○.

그녀는 자물쇠에 열쇠를 넣고 돌렸다.

3. A baked Italian dish of a thinly rolled bread.

얇게 밀어서 만든 빵을 구워낸 이탈리아 요리.

4. You use ○○○○ to suggest that what comes just after or just before it in the sentence is surprising. ex) He never ○○○○ opened the letter.

문장 안에서 직전 또는 직후의 내용이 놀라울 때 '~조차(도)'라는 말을 쓴다. 예) 그는 편지를 뜯어보지도 않았다.

6. A soft yellow substance made from cream.

크림으로 만든 부드럽고 노릇노릇한 식재료.

7. Have you been on a ○○○○? You've lost a lot of weight.

너 ~했니? 살이 많이 빠졌어.

8. Would you like to ○○○ some sushi? 초밥 좀 먹어볼래?

Vegetables
채소

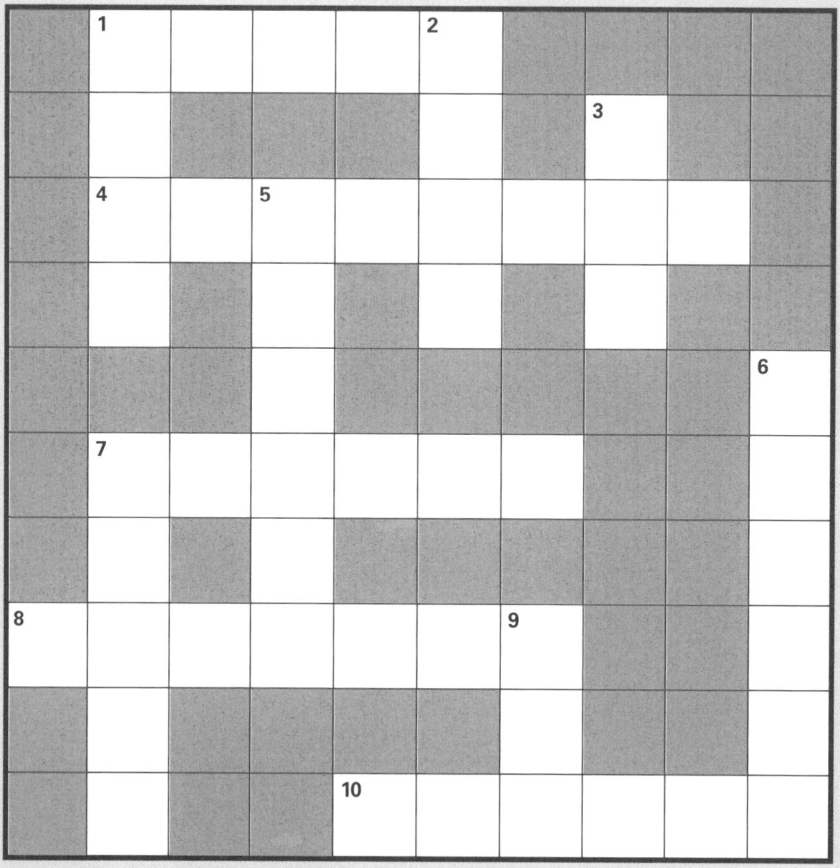

Words 단어

- rind 껍질 • crisp 바삭바삭한 • flesh 과육, 살, 고기 • pungent 알싸한, 톡 쏘는 듯한
- bulb 구근, 알뿌리 • swallow 삼키다, (목구멍으로) 넘기다

ACROSS

1. An ○○○○○ will not produce a rose.

양파에서는 장미가 나지 않는다(콩 심은 데 콩 나고 팥 심은 데 팥 난다).

4. It has a green rind and crisp white flesh. Cool as a ○○○○○○○○.

두꺼운 초록색 껍질과 아삭하고 흰 알맹이를 지니고 있다. 매우 침착하게.

7. A plant, related to the onion, having a pungent bulb much used in cooking.

양파와 관계있는 것으로, 요리에 흔히 쓰이는 알싸한 맛을 지닌 알뿌리 식물.

8. You eat meat wrapped in ○○○○○○○.

고기를 상추에 싸 먹는다.

10. Hot ○○○○○○.

뜨거운 감자, 난감한 문제.

DOWN

1. ○○○○! You stepped on my toe!

아야! 네가 내 발을 밟았어!

2. A word that is used to identify something. ex) What's your ○○○○?

무언가를 확인하게 하는 말. 예) 네 이름은 뭐니?

3. A round green seed which grow in long thin case and is eaten as a vegetable.

길고 납작한 껍데기 안에서 자라고 채소로 먹기도 하는 초록색의 동그란 열매.

5. ○○○○○○ and stick.

당근과 채찍.

6. It is a material of ketchup.

케첩의 재료.

7. Very large, important. ex) That's a ○○○○○ news.

매우 큰, 중요한. 예) 굉장한 소식이군.

9. To put it into your mouth, chew it, and swallow it.

입안에 넣고, 씹고, 삼키다.

Fruits
과일

¹	²						³			
					⁴					
	⁵				⁶					
⁷		⁸								
				⁹				¹⁰		
							¹¹			
		¹²								

Words 단어

· knowledge 지식, (특정 사실 등을) 알고 있음 · curved 휜, 굽은 · skin 껍질, 피부
· shelled ~한 껍질이 있는 · acidic 매우 신 · tropical region 열대 지방 · flattened 납작한

76

ACROSS

1. The fruit of the Tree of Knowledge, eaten by Adam and Eve.

아담과 이브가 먹은 '선악과 나무'의 열매.

4. A ○○○○ drops when a crow flies from the tree. 까마귀 날자 배 떨어진다.

5. A large fruit which is sweet and juicy inside and has a hard green or yellow skin. ex) Let's wait and see. He will cut the ○○○○○.

안이 달콤하고 즙이 많으며 초록이나 노란색 단단한 껍질을 지닌 과일. 예) 두고 보자. 그는 문제를 해결할 거야.

7. A ○○○○ is a green fruit that tastes like a lemon. 《My ○○○○ orange tree》.

레몬 같은 맛이 나는 초록색 과일. 《 나의 ~ 오렌지 나무 》.

11. A ○○○ grows in hot countries. It is full of tiny seeds and is often eaten dried.

무화과는 더운 나라에서 자란다. 작은 씨앗이 꽉 차 있고 흔히 건조시켜서 먹는다.

12. ○○○○○s are used for making wine. 포도는 와인을 만드는 데 쓰인다.

DOWN

2. A small, sweet fruit with a smooth red or yellow skin and a stone in the middle.

매끄럽고 붉거나 노란 껍질을 지녔고 가운데에 씨앗이 들어 있는 작고 달콤한 과일.

3. Long curved fruit with yellow skins. 껍질이 노랗고 모양이 길게 휜 과일.

6. The firm shelled fruit of some trees are called ○○○s.

나무에서 나는 껍질이 단단한 과일을 견과라고 한다.

7. A Highly acidic, yellowish citrus fruit.

신맛이 매우 강하고 노란빛을 띠는 귤의 일종.

8. A large sweet yellowish fruit which grows on a tree in tropical regions. It has flattened stone.

열대지방에서 자라는, 크고 달콤하며 노란빛을 띠는 과일. 납작한 씨앗이 들어 있다.

9. Unit of weight. One thousand ○○○○s are equal to one kilogram.

무게의 단위. 1,000~은 1킬로그램과 똑같다.

10. A fruit with a brown hairy skin and green flesh. A specialty of New Zealand.

갈색 털이 난 껍질에 초록색 과육을 지닌 과일. 뉴질랜드 특산물.

Farm Products
농산물

ACROSS

2. Pop○○○○ is a snack which consists of grains of maize.

팝~은 옥수수 알갱이로 만든 간식이다.

4. A brown powder used in making chocolate.

초콜릿을 만드는 데 쓰이는 갈색 가루.

5. Koreans feast on ○○○○ cake soup on the New Year's Day. Curry and ○○○○.

한국인은 설날에 떡국을 먹는다. 카레~.

7. Coffee ○○○○s are used to produce coffee.

커피 콩은 커피를 만드는 데 쓰인다.

8. An adult female sheep. 다 자란 암양.

9. Hot-tasting spice which is used to flavor food. Season with salt and

○○○○○○.

음식 맛을 더하는 데 쓰이는 매운 맛의 향신료. 소금과 후추로 양념하라.

11. The root of a plant that is used to flavor food. It has a sweet spicy flavor and

is often sold in powdered form.

음식의 풍미를 더하기 위해 쓰는 식물 뿌리. 달콤하고 매운맛이 강하며 흔히 가루로 만들어

판다.

DOWN

1. A strong-smelling and strong-tasting herb that is used in cooking, especially

with tomatoes.

향이 강하고 맛이 강한 허브로, 특히 토마토와 함께 요리에 사용한다.

3. Suitable for a king, because it is very impressive or beautiful. ○○○○○ power.

매우 인상적이거나 아름다워서 왕에게 알맞은. 왕권.

4. Small red or green peppers. They have a very hot taste and are used in

cooking. My mouth is burning from the ○○○○○ pepper.

작고 붉은 또는 초록색의 고추. 몹시 매운 맛을 지녔고 요리에 쓰인다. ~고추를 먹었더니 입안이

얼얼하다.

6. I'm not a fussy ○○○○○.

나는 식성이 까다로운 사람이 아니다.

10. 《Catcher in the ○○○》 is a novel by J. D. Salinger.

《호밀밭의 파수꾼》은 J. D. 샐린저의 소설이다.

Trees
나무

¹			²			³			
					⁴				
⁵									
					⁶				⁷
				⁸			⁹		
			¹⁰						
		¹¹					¹²		
			¹³						

Words 단어

· branch 나뭇가지 · backwards 뒤로, 거꾸로 · forwards 앞으로 · stem (식물의) 줄기
· tropical 열대 지방의, 열대의 · evergreen 상록수, 늘푸른나무 · hollow 속이 빈, 쑥 들어간

80

ACROSS

1. A tree that has long leaves growing at the top, and no branches.

꼭대기에서 기다란 나뭇잎이 자라고 나뭇가지가 없는 나무.

4. The famous poem '○○○○○es' was written by Robert Frost.

〈자작나무〉라는 유명한 시는 로버트 프로스트가 지었다.

5. To have a quick look at something, often secretly and quietly.

흔히 조용히 몰래 슬쩍 무엇인가를 보는 것.

8. A ○○○○ of a tree or plant is the part that is flat, thin, and usually green.

나무 또는 식물에 달린 잎은 편평하고 가늘고 보통은 초록빛을 띠는 부분이다.

11. The material which forms the trunks and branches of trees.

나무의 몸통과 가지를 이루고 있는 것.

12. If you ○○○ against a surface, you move it backwards and forwards while pressing it against the surface.

표면에 대고 문지른다는 것은 표면에 대고 꾹 누르면서 앞뒤로 움직이는 것을 말한다.

13. The large main stem from which the branches grow.

나뭇가지가 자라나는 커다란 중심 줄기.

DOWN

1. A tropical American evergreen tree, having large, yellow, edible fruit.

열대 아메리카에서 자라는 상록수로 크고 노랗고 먹을 수 있는 과일을 지닌다.

2. The Canadian flag has a ○○○○○ leaf on it. 캐나다 국기에는 단풍잎이 있다.

3. A tall tree which has very thin, sharp leaves and a fresh smell. ○○○○ trees have leaves all year round.

매우 얇고 뾰족한 잎을 지녔고 상쾌한 향이 나는 큰 나무. 소나무는 사계절 나뭇잎이 달려 있다.

6. The small, hard part of a plant from which a new plant grows.

새로운 싹이 자라나는 식물의 작고 단단한 부분.

7. A tall plant with hard, hollow stems. Pandas can eat about 200,000 ○○○○○○ leaves a day.

줄기가 단단하고 비어 있는 키 큰 식물. 판다곰은 하루에 대나무 잎 20만 개를 먹을 수 있다.

9. ○○○ is a popular Christmas tree. 전나무는 크리스마스 추리로 많이 쓰인다.

10. The parts of plant that grow under the ground.

땅속에서 자라나는 식물의 일부분.

Flowers
꽃

¹		²					³		⁴
⁵									
			⁶						
	⁷								⁸
			⁹						
¹⁰									
			¹¹						

Words 단어

- bluish-purple 푸른빛이 도는 보라색의 • attractive 매력적인, 멋진 • petal 꽃잎
- strikingly 두드러지게, 눈에 띄게 • originally 원래, 본래 • bush 관목, 덤불
- thorn (식물의) 가시 • thought 생각, 사고

ACROSS

2. A garden plant with sweet-smelling, bluish-purple flowers. ○○○○○○○○ oil.
달콤한 향이 나고 푸르스름한 보랏빛을 띤 원예 식물. ~ 오일.

5. A plant with large flowers. ○○○○ flowers are often white. Water ○○○○.
커다란 꽃이 피는 식물. 백합꽃은 흔히 흰색이다. 수련.

6. A tall plant with long leaves and large purple, yellow, or white flowers.
커다란 보라색, 노란색 또는 흰 꽃송이와 기다란 잎을 지닌 키 큰 식물.

7. Attractive, especially of women or children, but less strikingly than something beautiful.
특히 여성 또는 어린이가 매력적인, 그러나 아름다운 것보다는 덜한.

9. Something that is ○○○○○○ is a bluish-purple color.
~색이란 푸르스름한 보랏빛이다.

10. An abbreviation for 'as soon as possible'.
'가능한 한 빨리'의 줄임말.

11. ○○○○○○ originally came from Mexico. It is a symbol of autumn.
~는 멕시코에서 유래했다. 이 꽃은 가을의 상징이다.

DOWN

1. This flower is a symbol of the Netherlands.
이 꽃은 네덜란드의 상징이다.

3. A small wild flower with a yellow center and white petals. ex) Personally, I'm as fresh as a ○○○○○.
중심부가 노랗고 꽃잎이 흰색인 작은 야생화. 예) 개인적으로 나는 발랄하다.

4. The war of the ○○○○s took place in England.
장미 전쟁은 영국에서 일어났다.

7. A small brightly colored garden flower with large round petals. It took the flower name from the French word pensée, which means 'thought.'
크고 동그란 꽃잎이 달린 밝은 색깔의 작은 정원용 꽃. '생각'을 뜻하는 프랑스어 pensée에서 꽃 이름을 가져왔다.

8. This flower is a symbol of Buddhism. 이 꽃은 불교의 상징이다.

Daily Life & Travel
일상생활과 여행

Colors
색깔

Words 단어

• prefer 선호하다, 좋아하다 • jewel 보석 • birthstone 탄생석 • burn 불타다, 태우다

ACROSS

2. The color of grass or leaves.

풀이나 나뭇잎의 색깔.

5. The color of clouds on a rainy day.

비 오는 날 구름의 색깔.

7. The color of the sky on a sunny day.

맑은 날의 하늘 색.

DOWN

1. The color between red and yellow.

빨간색과 노란색 사이의 색깔.

3. Very dark blue. ex) It's not bad, but I prefer the ○○○○ one.

매우 어두운 파란색. 예) 그렇게 나쁘지는 않지만 나는 저 진한 청색이 더 좋아요.

4. Dark red or dark red jewel. ex) The birthstone of July is ○○○○.

어두운 붉은색 또는 어두운 붉은빛을 띠는 보석. 예) 7월의 탄생석은 ~이다.

6. What's left after something is burned. ex) ○○○es to ○○○es, dust to dust.

무언가를 태우고 남은 것. 예) 재는 재로, 먼지는 먼지로.

Beach
해변

Words 단어

- curve 곡선을 이루다, 곡선 • sticky 끈적거리는, 끈적끈적한 • mixture 혼합물
- nude 벌거벗은 • time and tide 세월 • slick 매끄러운, 번드르르한 • extend 넓히다, 뻗다

ACROSS

3. Wipe your feet on the ○○○ before coming in.

안으로 들어오기 전에 발을 ~에 문질러라.

5. The time when you are not working and you can relax and do things that you enjoy. 일하지 않고 쉬면서 즐겨 하는 것을 할 수 있는 시간.

7. A part of a coast where the land curves inwards.

뭍이 안쪽으로 굽은 해안가의 일부.

9. Of short duration, happening quickly. ex) Their visit was ○○○○○.

짧은 기간인, 재빨리 일어나는. 예) 그들의 방문은 짧았다.

10. Elvis Presley was a famous ○○○○ and roll star all around the world.

엘비스 프레슬리는 전 세계적으로 유명한 ~앤롤 스타였다.

11. A sticky mixture of earth and water. 흙과 물로 된 끈적끈적한 혼합물.

14. Not wearing any clothes. 옷을 하나도 입지 않은.

15. A small, smooth, round stone which is found on beaches and at the bottom of rivers.

해안가와 강바닥에서 볼 수 있는, 작고 매끄러우며 동글동글한 돌멩이.

DOWN

1. A place where a lot of people spend their holidays.

많은 사람들이 휴일을 보내는 장소.

2. A ○○○○ has a flat round body covered by a shell. It usually move sideways.

게는 껍질로 덮인 납작하고 둥그런 몸을 지니고 있다. 이것은 보통 옆으로 움직인다.

4. Current, flow. Time and ○○○○ waits for no man.

해류, 물의 흐름. 시간은 사람을 기다려주지 않는다.

6. A position to the left or right of something, rather than in front of it, behind it.

무엇인가의 앞이나 뒤가 아니라 왼쪽이나 오른쪽.

8. A slick and light ship for making pleasure trips or racing on water.

여행 또는 수상 경주를 하기 위한 매끄럽고 가벼운 배.

12. Extending far down from the top or surface. ex) Dig ○○○○!

꼭대기나 표면에서 멀리 아래로 이르는. 예) 깊게 파!

13. A hill of sand near the sea or in a desert.

바닷가 또는 사막의 모래 언덕.

Hotel
호텔

1						2			
						3			4
		5							
	6								
	7				8				
9									
					10				

Words 단어

- attend to 시중을 들다 · arrival 도착 · obtain 얻다, 획득하다 · possession 소유물
- arrange 마련하다, 정리하다 · put in an appearance (얼굴을) 비치다, 나타나다

ACROSS

1. I'd like to book a ○○○○ with a view of the lake.

호수가 보이는 방을 하나 예약하고 싶어요.

3. Love. 사랑.

5. A piece of furniture that you lie on when you sleep.

잠잘 때 그 위에 눕는 가구.

6. One who attends to the wishes of hotel guests. ex) The ○○○○○○○○○ will bring up your bags momentarily.

호텔 손님이 바라는 대로 시중을 드는 사람. 예) 안내원이 곧 네 가방을 가지고 올 거야.

9. To record one's own arrival at a hotel.

호텔에 도착했음을 기록하다.

10. To obtain knowledge or a skill through studying or training. ex) She's very keen to ○○○○○○ about Korean culture.

지식이나 기술을 공부하거나 훈련하여 얻다. 예) 그녀는 한국 문화를 몹시 배우고 싶어 한다.

DOWN

1. Having a lot of money and possessions.

돈과 재산을 많이 가진.

2. If you ○○○○○○ something that has been arranged, you stop it from happening.

정했던 것을 취소한다면 그것이 일어나지 않도록 막는 것이다.

4. A desk in a hotel that books rooms for people and answers their questions.

호텔 내에서 사람들의 방을 예약하고 질문에 대답하는 접수처.

5. To arrange to use something at a particular time. ex) The performance is ○○○○ed.

특정한 시간에 무엇을 사용하기로 정하다. 예) 그 공연은 예매가 다 되었다.

7. To put in an appearance. We waited for an hour, but they never ○○○○ed.

나타나다. 우리는 한 시간 동안 기다렸지만 그들은 결코 나타나지 않았다.

8. A written statement of money that you owe for goods or services.

물건이나 서비스에 대해 부담해야 하는 금액을 적은 전표.

Classroom
교실

4

Words 단어

- secretly 몰래, 숨어서 • correct 바로잡다, 정정하다 • particular 특정한, 특별한
- diagram 도형, 도표 • cupboard 벽장, 찬장 • record 기록하다, 기록 • document 문서

ACROSS

1. A group of students who are taught together.

함께 배우는 학생들의 집단.

5. Wide. It begins with b. 넓은. b로 시작한다.

7. Have a quick look at something or someone. ex) No ○○○○ing!

무엇인가 또는 누군가를 잠깐 훔쳐보는 것. 예) 엿보지 말기!

8. Silly. ex) Don't be an ○○○!

어리석은. 예) 바보 같이 굴지 마!

9. Tidy and smart, and has everything in the correct place. ex) Try and be ○○○○!

깔끔하고 말쑥하며 모든 것이 제자리에 있는. 예) 깔끔해져 봐!

12. A list that shows the times in the week at which particular subjects are taught.

주 중에 특정 과목을 배우는 시간을 보여주는 표.

DOWN

1. A soft, white, powdery, small stick. ex) He drew diagrams with ○○○○○ on the blackboard.

부드럽고 하얀 가루로 된 작은 막대기. 예) 그는 분필로 칠판에 도형을 그렸다.

2. An area of knowledge or study, especially one that you study at school, college, or university.

지식 또는 연구 분야로 특히 학교, 대학에서 공부하는 분야.

3. A small cupboard with a lock, where you can put your personal possessions in a school.

자물쇠가 달린 작은 벽장으로 학교에서의 개인 소지품을 보관할 수 있다.

4. Students who are in the same class at school.

학교에서 같은 반 학생들.

6. A book which has a space for each day of the year. You use it to write down things you plan to do, or to record what happens day by day.

연간 매일을 위한 지면이 있는 공책. 계획한 일을 써두거나 하루하루 일어난 일을 기록해두려고 사용한다.

10. Correct and change a text or a document. 글 또는 문서를 바로잡고 수정하다.

11. Ice ○○○. 빙하기.

5 Animals
동물

- predatory 포식성의, 포식 동물 같은 · mammal 포유동물 · indigenous 원산의, 토종의
- claw 발톱 · bamboo 대나무 · female 여성(여자)인 · cunning 교활한, 기묘한
- black sheep 골칫덩어리, 말썽꾼 · stripe 줄무늬 · burden 짐, 부담

94

ACROSS

4. A large predatory mammal of the cat family, indigenous to Asia.

고양이과의 대형 포식성 포유동물로 아시아가 원산지이다.

5. A wild animal that looks like a large dog. 큰 개 같은 야생동물.

9. A large animal which people can ride.

사람이 타고 다닐 수 있는 대형 동물.

12. A strong wild animal with thick fur and sharp claws. It sleeps in the winter.

두터운 털과 날카로운 발톱을 지닌, 힘이 센 야생동물. 겨울잠을 잔다.

13. An animal which has black and white fur and lives in the bamboo forests of

China. 희고 검은 털을 지니고 중국의 대나무 숲에서 사는 동물.

14. South American animal with thick hair, which looks like a small camel

without a hump.

두터운 털이 달린 남아메리카의 동물로, 혹이 달리지 않은 작은 낙타 같다.

DOWN

1. ⟨The ○○○○ King⟩ is a famous Disney film. ⟨~ 킹⟩은 유명한 디즈니 영화이다.

2. A male ○○○○ usually has large, branching horns.

숫사슴은 흔히 여러 개로 갈라진 뿔을 가지고 있다.

3. A large female animal that is kept on farms for its milk.

농장에서 우유를 얻기 위해 기르는 대형 암컷 동물.

6. He was cunning as a ○○○.

그는 여우처럼 교활했다.

7. A farm animal which is covered with thick curly hair called wool. ex) The black

○○○○○ occur in all families.

'울'이라고 부르는 굵고 곱슬곱슬한 털로 덮인 가축. 예) 말썽꾼은 어느 집에나 있는 법이다.

8. An African wild horse which has black and white stripes.

검고 흰 줄무늬를 지닌 아프리카 야생말.

10. A beast of burden, much used in desert areas.

짐을 나르는 짐승으로 사막 지역에서 많이 이용한다.

11. An Australian animal which looks like a small bear with grey fur and lives in

trees. 회색 털을 지니고 나무에서 사는, 작은 곰 같은 오스트레일리아 동물.

Hospital
병원

							2			
1										
	3									
4						5			6	
		7	8		9					
10										
11						12				

Words 단어

- cure an illness 병을 고치다 · be qualified in ~에 자격이 있는 · treatment 치료, 의료
- plaster 석고 · characteristic 특징, 특질

ACROSS

1. A substance that you drink or swallow in order to cure an illness.

   병을 고치기 위해서 마시거나 삼켜 섭취하는 것.

3. Someone who is qualified in medicine and treats people who are ill.

   의료 자격증이 있고 아픈 사람을 치료하는 사람.

5. She decided to ○○○○ the class.

   그녀는 수업을 빼먹기로 했다.

7. ○○○○ your coat on the hanger.

   옷걸이에 당신의 코트를 걸어 놓아라.

10. To look at one's body or do simple tests in order to check how healthy one is.

    ex) The doctor pressed my stomach to ○○○○○○○ me.

    얼마나 건강한지 확인하기 위해 몸을 살펴보거나 간단한 테스트를 하다. 예) 의사가 내 배를
    누르며 검진했다.

11. A young person. 젊은 사람.

12. A cover made of plaster which is used to protect a broken bone by keeping

    part of the body stiff.

    신체 일부를 딱딱하게 유지시켜서 부러진 뼈를 보호하는 데 사용하는 석고 커버.

DOWN

2. A person whose job is to care for people who are ill.

   아픈 사람들을 돌보는 것이 직업인 사람.

4. Plastic ○○○○○○○.

   성형 수술.

6. A person who is receiving medical treatment from a doctor or hospital.

   의사에게 또는 병원에서 치료를 받는 사람.

8. He has always ○○○ed high.

   그는 언제나 목표를 높게 잡는다.

9. The part of a cell in a living thing which controls its physical characteristics,

   growth etc.

   물리적 특징과 키 등을 결정하는 생물 세포의 일부.

Chapter 6

Shopping
쇼핑

1			2						
							3		
				4					
				5				6	
7									
					8				
9									
10									

ACROSS

1. A piece of paper that you get from someone as proof that they have received money or goods from you.

   당신에게서 돈이나 물건을 받았다는 증거로 누군가가 당신에게 주는 종잇조각.

4. The symbolic identity, represented by a name or a logo, which indicates a certain product or service to the public.

   이름이나 로고로 고유성을 표현한 것으로 특정 상품 또는 서비스를 나타낸다.

5. If you give someone a ○○○○○, you buy or arrange something special for them which they will enjoy.

   누군가에게 대접한다는 것은 그들이 좋아할 만한 특별한 것을 사거나 준비하는 것을 말한다.

7. To repair by stitching with thread.

   실로 꿰매서 수선하다.

9. A narrow street with buildings or walls on both sides.

   양쪽에 빌딩 또는 벽이 있는 좁은 길거리.

10. Someone who buys goods or services, especially from a shop.

    특히 가게에서 상품이나 서비스를 구매하는 사람.

DOWN

1. An amount of money returned. 되돌려 받은 돈.

2. To give things to each other at the same time. ○○○○○○○○ rate.

   서로가 동시에 물건을 주는 것. 환율.

3. The act of selling goods for money. For ○○○○.

   돈을 얻기 위해 물건을 파는 것. 팔려고 내놓은.

4. He had a ○○○ on the horses. Win a ○○○.

   그는 그 말에 내기를 했어. 내기에서 이기다.

6. An amount of money that you have to pay to the government.

   정부에 납부해야 하는 금액.

8. What we measure in minutes, hours, days, and years.

   분, 시간, 하루, 연 단위로 재는 것.

정답

1. Family 가족

	D				B	
B	A	B	Y		R	
	D			M	O	M
			A		T	
	L	A	U	G	H	
			N		E	
S	I	S	T	E	R	

- baby 아기
- mom 엄마
- laugh 웃음, 웃다
- sister 언니, 누나, 여동생
- dad 아빠
- brother 형, 오빠, 남동생
- aunt 고모, 이모, 숙모

2. Personality 성격

C	A	R	E	F	U	L			
O		U				L			
L		D	E	L	I	C	A	T	E
D		E				Z			
	H		M	E	R	R	Y		
	O							M	
	N		W			B	O	O	
S	E	L	F	I	S	H		O	
	S			S				D	
	T	A	M	E		S	H	Y	

- careful 주의 깊은, 조심성 있는
- delicate 섬세한, 세심한
- merry 명랑한, 상냥한
- boo 야유하다, 우우
- selfish 이기적인
- tame 길들여진
- shy 소심한, 부끄러운
- cold 냉정한, 차가운
- rude 버릇없는, 무례한
- lazy 게으른, 나태한
- honest 정직한
- moody 변덕스러운
- wise 현명한, 슬기로운

3. Hobbies 취미

M	U	S	I	C		G	A	M	E
O		I		O			C		M
V		N	A	I	L		T		B
I		G		N			I		R
E		I		C		V			O
		N		H		E			I
S		G		I					D
U			P	I	C	T	U	R	E
R			E						R
F	O	O	T	B	A	L	L		Y

- music 음악
- game 게임
- nail 손톱
- picture 그림
- football 미식축구, 풋볼
- movie 영화
- singing 노래
- coin 동전
- active 활동적인
- embroidery 자수
- chic 멋진, 세련된
- surf 서핑, 파도타기 하다
- pet 애완동물

4. Cafe 카페

M	I	L	K		W	H	O	L	E
O									S
C	O	F	F	E	E				P
H									R
A			T	A	B	L	E		E
	C		E		U				S
S	O	D	A		S				S
	L				Y		M		O
	D	I	S	H			U		
					S	U	G	A	R

- milk 우유
- whole 전체의, 전부의
- coffee 커피
- table 테이블, 탁자
- soda 소다
- dish 접시
- sugar 설탕
- mocha 모카
- espresso 에스프레소
- tea 차
- busy 바쁜
- cold 찬, 추운
- mug 머그잔, 잔

5. Jobs 직업

A	C	T	O	R		S			S
R		E			P	I	L	O	T
T		A				N			U
I		C		D		G	O	L	D
S		H		E		E			E
T		E		N		R	E	I	N
		R	A	T	E				T
				I					
		M	U	S	I	C	I	A	N
				T					

- actor 배우
- pilot 비행기조종사
- gold 금
- rein 고삐, 가죽끈
- rate 평가하다, 순위를 메기다
- musician 음악가, 뮤지션
- artist 아티스트, 예술가
- teacher 선생님
- singer 가수
- student 학생
- dentist 치과의사

6. Months 달(월)

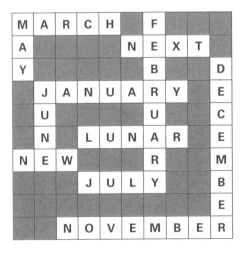

M	A	R	C	H		F		
A					N	E	X	T
Y						B		D
	J	A	N	U	A	R	Y	E
	U					U		C
	N		L	U	N	A	R	E
N	E	W				R		M
			J	U	L	Y		B
								E
	N	O	V	E	M	B	E	R

- March 3월
- next 다음의, 옆의
- January 1월
- lunar 달의
- new 새로운
- July 7월
- November 11월
- May 5월
- February 2월
- December 12월
- June 6월

7. Seasons & Special Days
계절 & 특별한 날

S	U	M	M	E	R			
P							F	
R	C	A	L	E	N	D	A	R
I				A			L	
N		L		S			L	
G	H	A	L	T		B		G
		S		E		L		U
W	I	N	T	E	R		O	E
							O	S
	C	H	R	I	S	T	M	A	S

- summer 여름
- calendar 달력, 일정표
- halt 멈추다, 정지하다
- winter 겨울
- Christmas 크리스마스
- spring 봄
- fall 가을
- Easter 부활절
- last 마지막의, 최근의
- bloom (특히 관상식물의) 꽃
- guess 추측하다, 짐작하다

105

1. Home 집

S	T	A	I	R		
T		T		A		
U		T		D		R
D		I		I		A
Y		C		O		Z
						O
T	O	A	S	T	E	R

- stair 계단
- toaster 토스터기
- study 서재
- attic 다락방
- radio 라디오
- razor 면도기

2. Living Room 거실

C	O	U	C	H		V	I	E	W
A			L				M		I
R			O	L	D		A		N
P			C		R	U	G		D
E			K		A		E		O
T					W				W
		V	A	S	E				
	H				R	O	L	L	
	U								
T	E	L	E	P	H	O	N	E	

- couch 긴 의자
- view 시야, 눈앞, 경관
- old 늙은
- rug 러그
- vase 화병
- roll 구르다, 굴러가다, 두루마리
- telephone 전화(기)
- carpet 카펫
- clock 시계
- image 이미지, 인상, 영상
- window 창문, 창
- drawer 서랍
- hue 빛깔, 색채

3. Kitchen 부엌

B	A	S	K	E	T		P	O	T
O			E				L		R
W	A	S	T	E			A		A
L			T		K	I	T	T	Y
	G		L				E		
	L		E		S				A
	A				I		D	I	P
	S	P	O	O	N				R
	S				K				O
							O	V	E	N

- basket 바구니
- pot 냄비, 솥
- waste 쓰레기, 폐기물
- kitty (비격식어) 고양이
- dip 담그다
- spoon 숟가락, 스푼
- oven 오븐
- bowl 그릇, 통
- kettle 주전자
- plate (둥그런) 접시, 그릇
- tray 쟁반
- glass 유리잔, 유리
- sink 싱크대, 개수대
- apron 앞치마

4. Bathroom 욕실

T	O	I	L	E	T		S		
O							H		
W	A	T	E	R			S	O	A	P
E							W		
L							E		
		M	I	R	R	O	R		B
P				R					A
L	E	A	K			D			S
U						E			I
G	E	R	M		D	R	A	I	N

- toilet 화장실, 변기
- water 물
- soap 비누
- mirror 거울
- leak 새다, 새게 하다
- germ 세균, 미생물
- drain 배수관
- towel 수건, 타월
- shower 샤워기
- order 명령, 지시
- basin 대야, 세면기
- plug 플러그, 소켓

5. Necessaries for Daily Life
생활필수품

	I			C	A	N	D	L	E
D	R	Y	E	R					
	O			A		H	I	R	E
	N			Y		A			
M		B	R	O	O	M			
A		A		N		M	E	M	O
K		G				E		O	
E				F		R	E	S	T
U				L				S	
P	E	R	F	U	M	E			

- candle 양초
- dryer 드라이기
- hire (방, 차) 빌리다, 대여하다
- broom 빗자루
- memo 메모
- rest 휴식
- perfume 향수
- iron 다리미, 다리미질하다
- crayon 크레용
- hammer 망치
- makeup 화장품
- bag 가방
- moss 이끼
- flu 독감

6. Tools 공구

S	C	R	A	P	E	R			G
W				L			R		R
I		A		I	D	E	A		I
S	A	W		E			W	I	N
S		L		R					D
A					D	R	O	N	E
R	E	A	M	E	R				R
M		D			I		G		
Y		D			L		U		
				P	L	A	N	E	

- scraper 긁는(깎는) 기구
- idea 발상, 생각. 계획
- saw 톱
- win 이기다, 승리
- drone 무인항공기
- reamer 리머, 확공기, 구멍 뚫는 송곳
- plane 대패
- Swiss Army (다목적 휴대용 칼 브랜드) 스위스 아미
- plier 집게, 펜치
- grinder 그라인더, 가는 기구(기계)
- raw 원자재의, 가공되지 않은
- awl 송곳
- drill 드릴, 구멍을 뚫다
- add 추가하다, 합하다
- gun 총

7. Numbers 숫자

C	O	U	N	T		H	A	L	F
	N		W			D		
	C		I		O	D	D	
D	E	D	U	C	T		I	
A			E			T	E	N
T						I		U
A		N	C			O		L
	M	I	L	L	I	O	N		L
		N		U			
	S	E	V	E	N

- count 수를 세다, 계산
- half 반, 절반
- odd 홀수의
- deduct 공제(할인)하다
- ten 열, 10
- million 백만
- seven 일곱, 7
- once 한번
- twice 두번
- addition 덧셈
- data 데이터
- null 제로의, 무(無)의
- nine 아홉, 9
- clue 단서

1. Feelings 감정

		S				A
G	L	A	D			N
O		D		H	U	G
O						R
D		H	A	P	P	Y
		O				
		T	I	R	E	D

- glad 반가운, 기쁜
- hug 껴안다, 포옹하다
- happy 행복한, 기쁜
- tired 피곤한, 지친, 피로한
- sad 슬픈, 애석한
- angry 화난, 성난
- good 즐거운, 기쁜, 좋은
- hot 인기 있는

2. Post Office 우체국

M	A	I	L		C	O	M	M	A
			E						I
P	O	S	T	A	G	E			R
A			T			N			M
R	A	R	E			V			A
C			R			E			I
E	W			B	O	L	D		L
L	E					O			
	S	T	A	M	P	P			
	T					E	A	S	T

- mail 우편, 메일
- comma 쉼표
- postage 우편요금, 우송료
- rare 진귀한, 드문
- bold 굵은, 선명한
- stamp 우표
- east 동쪽
- letter 편지
- airmail 항공우편
- parcel 소포, 꾸러미
- envelope 봉투
- west 서쪽

3. Bank 은행

C			M			A	T	M
A	C	C	O	U	N	T		O
S		N				I		N
H		E				N		T
	P	A	Y	M	E	N	T	H
						E		L
	C	H	E	C	K		R	Y
	O						E	
B	I	L	L		C	O	S	T
	N						T	

- ATM 현금 자동 입출금기
- account 계좌, 장부
- payment 지불, 지급, 지불금
- check 수표
- bill 지폐
- cost 값, 비용
- cash 현금
- money 돈
- monthly 매월, 한 달에 한 번의
- interest 이자
- coin 동전

4. Travel 여행

M	U	S	T	S	E	E		F
E				O		A		L
M	A	P		U		S		A
O				V	O	Y	A	G	E
R		B		E				
I		U		N	O	I	S	Y
A		R		I			A	
L		E		R	U	I	N	S
		A					D	
C	R	U	I	S	E			

- must-see 꼭 봐야 하는 것
- map 지도
- voyage 항해
- noisy 시끄러운
- ruins 옛터, 유적
- cruise 유람선 여행, 선박여행
- memorial 기념비
- souvenir 기념품
- easy 쉬운, 용이한
- flag 깃발
- bureau 사무실, 단체
- sand 모래

5. Airport 공항

L	A	N	D	I	N	G			
	R		E						
	R		C		P				P
V	I	S	A		O		D		A
	V		Y		L		E		S
	A				I		C		S
F	L	I	G	H	T		L		P
			A		E		A		O
F	E	E	T				R		R
			E			S	E	A	T

- landing 착륙, 상륙
- visa 비자
- flight 항공편, 항공기
- feet (길이의 단위, 약 30센티미터) 피트
- seat 좌석
- arrival 도착
- decay 부패하다, 썩다, 퇴화하다
- polite 예의 바른, 공손한
- passport 여권
- declare (세관에 과세물품이나 소득을) 신고하다
- gate 출입구, (공항) 탑승구

6. Restaurant 식당

			P						V
M	E	N	U		O		B		E
			B	A	R		E		G
					D		E		E
	R				E		F	A	T
W	A	I	T	E	R		S		A
	R					S	T	I	R
M	E	D	I	U	M		E		I
							A		A
			S	N	A	C	K		N

- menu 메뉴
- bar 바
- fat 지방
- waiter 웨이터
- stir 젓다, (저으며) 섞다
- medium 중간 정도로 익힌
- snack 간식, 간단한 음식
- pub 술집
- vegetarian 채식주의자
- order 주문
- beefsteak 소고기 스테이크
- rare 덜 익힌

7. Sport Games 스포츠 종목

S	O	C	C	E	R				B
W			X		D	N	A		
I		G		I		B			S
M	A	R	A	T	H	O	N		K
M		O			X				E
I		W		S	K	I			T
N					N				B
G	O	L	F		G				A
									L
V	O	L	L	E	Y	B	A	L	L

- soccer 축구
- DNA 디앤에이
- marathon 마라톤
- ski 스키 (한 쪽), 스키의
- golf 골프
- volleyball 배구
- swimming 수영
- exit 출구
- basketball 농구
- grow 자라다, 성장하다
- boxing 복싱

1. Body 1 몸 1

		H	A	N	D	
T	O	E				
I		A				
T		D		L	E	G
	L				A	
F	I	N	G	E	R	
	P					

- hand 손
- toe 발가락
- leg 다리
- finger 손가락
- head 머리
- tit 젖꼭지
- ear 귀
- lip 입술

2. Body 2 몸 2

	N				P	A	L	M	
B	O	N	E			N			
	S					K			
	E	L	B	O	W	L	A	P	
					A	E			
		B			I				
K		A			S	F			
N	E	C	K		T	O	O	T	H
E		K				O			
E		W	R	I	S	T			

- palm 손바닥
- bone 뼈
- elbow 팔꿈치
- lap 무릎
- neck 목
- tooth 이, 이빨
- wrist 손목
- nose 코
- ankle 발목
- waist 허리
- back 등
- knee 무릎
- foot 발

3. Fashion 패션

S	H	O	E		D	R	E	S	S
K			R				C		
I	K	N	I	T		H	A	T	
R			B				R		
T	I	E		B	S		F		
		C	O	A	T				
	B		N		Y				
S	O	C	K		L	A	C	E	
	O			E		A			
	T	R	E	N	D		P		

- shoe 신발
- dress 드레스
- knit 니트, 뜨개질하다
- hat 모자
- tie 타이
- coat 코트, 외투
- sock 양말 한 짝
- lace 레이스
- trend 트렌드
- skirt 스커트
- scarf 스카프
- ribbon 리본
- style 스타일
- boot 부츠, 장화
- cap 모자

4. Company 회사

S	T	O	C	K		D			S
		U				E			U
A	N	T		D		B			G
		G	R	E	E	T	I	N	G
		O		M			N		E
	L			A			C		S
	A			N			O		T
	B	O	N	D			M		I
	O				L	E	G	O	
P	R	O	F	I	T				N

- stock 재고품, 재고
- ant 개미
- greeting 인사
- bond 유대, 끈
- lego 레고(완구 브랜드)
- profit 수익, 이윤
- outgo 지출
- debt 빚, 채무
- suggestion 제안
- demand 수요
- income 수입, 소득
- labor 노동

5. Office Supplies 사무용품

P	A	P	E	R		D	E	S	K
E		I							E
N		N	O	T	E				Y
C						B			B
I		E	R	A	S	E			O
L					S				A
		C	O	M	P	U	T	E	R
		L		O					D
S	C	I	S	S	O	R	S		
		P		T					

- paper 종이
- desk 책상
- note 노트, 메모
- erase 지우다
- computer 컴퓨터
- scissors 가위
- pencil 연필
- pin 핀
- keyboard 키보드
- best 최고의
- clip 클립
- most 가장 많은, 최고의

6. Vehicles 탈것

C		T		T		J			
A	I	R	P	L	A	N	E		
R		A		X		E			R
		I			I		P		O
V	A	N							C
					T	R	U	C	K
									E
B	I	C	Y	C	L	E			T
U		A							
S	U	B	W	A	Y				

- airplane 비행기
- van 승합차, 밴, 유개화물차
- truck 트럭
- bicycle 자전거
- subway 지하철
- car 차, 자동차
- train 기차
- taxi 택시
- jeep 지프차
- rocket 로켓
- bus 버스
- cab 택시

7. Transportation 교통

	F	L	A	T			B		
	I				C	R	O	S	S
	N						A		H
D	E	T	O	U	R		T		O
I									R
S	P	E	E	D	I	N	G		T
T							A		C
A	I	D		A	X	I	S		U
N									T
T	O	L	L	G	A	T	E		

- flat 펑크 난
- cross 건너다, 횡단하다
- detour 우회로, 도는 길
- speeding 속도위반
- aid 원조, 지원
- axis (중심)축, 축선
- tollgate 통행료 징수소
- fine 벌금
- boat 보트, 배
- shortcut 지름길
- distant (거리가) 먼
- gas gasoline 휘발유

1. Foods 1 음식 1

	J				C	
T	A	C	O		A	
	M				K	
S			B	E	E	F
A				G		O
L				G		R
T	A	R	T			K

- taco 타코
- beef 소고기
- tart 타트(파이의 일종)
- jam 잼
- cake 케이크
- salt 소금
- egg 알, 달걀
- fork 포크

2. Foods 2 음식 2

	S	A	L	A	D		P	I	E
	O		O				I		V
J	U	I	C	E			Z		E
	P		K				Z		N
			B	R	E	A	D		
T	O	F	U				I		
R			T	A	S	T	E		
Y			T				T		
	C	H	E	E	S	E			
			R						

- salad 샐러드
- pie 파이
- juice 주스
- bread 빵
- tofu 두부
- taste 맛, 미각
- cheese 치즈
- soup 스프
- lock 자물쇠
- pizza 피자
- even ~도(조차)
- butter 버터
- diet 식사, 식습관
- try ~해보다

3. Vegetables 채소

	O	N	I	O	N				
	U				A		P		
	C	U	C	U	M	B	E	R	
	H		A		E		A		
			R						T
	G	A	R	L	I	C			O
	R		O						M
L	E	T	T	U	C	E			A
	A				A				T
	T		P	O	T	A	T	O	O

- onion 양파
- cucumber 오이
- garlic 마늘
- lettuce 양상추
- potato 감자
- ouch (갑자기 아파서 내는 소리 등) 아야!
- name 이름
- pea 완두콩
- carrot 당근
- tomato 토마토
- great 굉장한, 대단한
- eat 먹다

4. Fruits 과일

A	P	P	L	E			B		
	L				P	E	A	R	
	U						N		
	M	E	L	O	N		A		
					U		N		
L	I	M	E		T		A		
E		A		G				K	
M		N		R			F	I	G
O		G	R	A	P	E		W	
N		O		M				I	

- apple 사과
- pear 배
- melon 멜론
- lime 라임
- fig 무화과
- grape 포도
- plum 자두
- banana 바나나
- nut 너트
- lemon 레몬
- mango 망고
- gram 그램
- kiwi 키위

5. Farm Products 농산물

									B
C	O	R	N		C	O	C	O	A
		E			H				S
		G		R	I	C	E		I
B	E	A	N		L		A		L
		L			I		T		
							E	W	E
P	E	P	P	E	R		R		
					Y				
	G	I	N	G	E	R			

- corn 밀, 옥수수
- cocoa 코코아
- rice 쌀
- bean 콩
- ewe 암양
- pepper 고추
- ginger 생강
- basil 바질
- regal 제왕의, 장엄한
- chili 칠리
- eater 먹는 사람
- rye 호밀

6. Trees 나무

P	A	L	M		P			
A			A	B	I	R	C	H
P	E	E	P		N			
A			L		E			
Y			E	S				B
A			L	E	A	F		A
			R	E		I		M
	W	O	O	D		R	U	B
			O					O
			T	R	U	N	K	O

- palm 야자수
- birch 자작나무
- peep 훔쳐보다, 엿보다
- leaf 나뭇잎
- wood 나무, 목재
- rub 문지르다, 비비다
- trunk 나무의 몸통
- papaya 파파야
- maple 단풍나무
- pine 소나무
- seed 씨앗
- bamboo 대나무
- fir 전나무
- root 뿌리

7. Flowers 꽃

T		L	A	V	E	N	D	E	R
U							A		O
L	I	L	Y				I		S
I				I	R	I	S		E
P							Y		
	P	R	E	T	T	Y			L
	A								O
	N			V	I	O	L	E	T
A	S	A	P						U
	Y			C	O	S	M	O	S

- lavender 라벤더
- lily 백합
- iris 아이리스
- pretty 예쁜
- violet 바이올렛
- asap as soon as possible, 가능하면 빨리
- cosmos 코스모스
- tulip 튤립
- daisy 데이지
- rose 장미
- pansy 팬지
- lotus 연꽃

1. Colors 색깔

			O			
	G	R	E	E	N	
			A			A
R			N			V
U		G	R	A	Y	
B	L	U	E		S	
Y					H	

- green 녹색, 초록색 녹색의, 초록색의
- gray 회색, 쥐색. 회색의. 쥐색의
- blue 파란(푸른)색. 파란색(푸른빛)의
- orange 오렌지, 주황. 오렌지(주황)색의
- navy 짙은 감색, 감청색.
  짙은 감색(감청색)의
- ruby 루비, 다홍색
- ash 재

2. Beach 해변

	R			C		M	A	T
L	E	I	S	U	R	E		I
	S		I		A			D
	O		D		B	A	Y	E
B	R	I	E	F			A	
	T				R	O	C	K
		M	U	D			H	D
			E				T	U
	N	U	D	E				N
				P	E	B	B	L	E

- mat 매트
- leisure 여가
- bay 만
- brief 짧은, 간단한
- rock 바위
- mud 진흙, 진창
- nude 알몸인, 벌거벗은
- pebble 조약돌, 자갈
- resort 휴양지, 리조트
- crab 게
- tide 조수, 조류
- side (어느 한)쪽(편)
- yacht 요트
- deep 깊은
- dune 사구

3. Hotel 호텔

R	O	O	M			C			
I					A	M	O	R
C		B	E	D		N		E
H		O				C		C
	C	O	N	C	I	E	R	G	E
	K			L			P
	S			B			T
C	H	E	C	K	I	N			I
	O			L			O
	W			L	E	A	R	N

- room 방
- amor 사랑
- bed 침대
- concierge (호텔) 안내원
- check in 호텔에 들어가다, 체크인하다
- learn 배우다
- rich 부자인, 부유한
- cancel 취소하다
- reception 접수처
- book 예약하다
- show 나타나다
- bill 계산서

4. Classroom 교실

C	L	A	S	S					
H		U		L				C
A		B	R	O	A	D		L
L		J		C		I		A
K		P	E	E	K		A	S	S
		C		E		R		S
N	E	A	T		R		Y	M
D			A				A
I			G				T
T	I	M	E	T	A	B	L	E

- class 학급
- broad 넓은
- peek 엿보다
- ass 바보 같은, 어리석은
- neat 단정한, 정돈된
- timetable 시간표
- chalk 분필
- subject 과목, 주제
- locker 로커, 개인물품보관함
- classmate 급우, 반 친구
- diary 일기, 수첩
- edit 수정하다, 편집하다
- age 세대, 나이

5. Animals 동물

	L		D				C		
T	I	G	E	R		W	O	L	F
	O		E				W		O
	N		R						X
S				Z					
H	O	R	S	E		C			K
E				B	E	A	R		O
E				R		M			A
P	A	N	D	A		E			L
					L	L	A	M	A

- tiger 호랑이
- wolf 늑대
- horse 말
- bear 곰
- panda 판다
- llama 라마
- lion 사자
- deer 사슴
- cow 암소, 젖소
- fox 여우
- sheep 양
- zebra 얼룩말
- camel 낙타
- koala 코알라

6. Hospital 병원

M	E	D	I	C	I	N	E		
						U			
	D	O	C	T	O	R			
S						S	K	I	P
U						E			A
R		H	A	N	G				T
G			I		E				I
E	X	A	M	I	N	E			E
R					E				N
Y	O	U	T	H		C	A	S	T

- medicine 약, 약물
- doctor 의사
- skip 건너뛰다, 생략하다
- hang 걸다, 매달다
- examine 진찰(검사)하다
- youth 젊은이, 청년
- cast 깁스
- nurse 간호사
- surgery 수술
- patient 환자
- aim 목표하다
- gene 유전자

7. Shopping 쇼핑

R	E	C	E	I	P	T			
E		X				S			
F		C		B	R	A	N	D	
U		H		E		L			
N		A		T	R	E	A	T	
D	A	R	N					A	
		G			T			X	
A	L	L	E	Y		I			
					M				
C	U	S	T	O	M	E	R		

- receipt 영수증
- brand 브랜드, 상표
- treat 대접, 한턱
- darn 꿰매다, 깁다
- alley 골목
- customer 고객, 소비자
- refund 환불
- exchange 교환, 맞바꿈
- sale 판매, 매출
- bet 돈을 걸다, 내기
- tax 세금
- time 시간